朝日新書
Asahi Shinsho 733

銀行ゼロ時代

高橋克英

朝日新聞出版

はじめに

まもなく早期退職制度が始まる

金融界の苦境が様々に伝えられているが、今、日本の多くの銀行は、あらためて厳しい局面に立たされ、その根幹が揺らいでいる——。メガバンクも例外ではない。

みずほフィナンシャルグループ（みずほFG）では2026年度末までに1万9000人を削減する。三菱UFJ銀行は2023年度末までに6000人程度の自然減を見込み、三井住友銀行（SMBC）では2019年度末までに4000人弱の国内人員を削減するとしている。

2020年春の新卒採用も三菱UFJ銀行で45％削減予定など、各銀行で採用抑制が続いている。

しかし、それだけでは収まらない。「銀行のスマホ化」と業績悪化が急速に進展するなかで、新卒抑制や定年退職などの自然減だけでは対応できず、雇用維持前提のビジネスモデルが間もなく崩壊する。その結果、早期退職制度という名の人員削減が、メガバンクが口火を切る形で始まるはずだ。

表向きは、セカンドキャリア支援制度、チャレンジ・キャリア制度、起業・独立支援などもっともらしい前向きな名前となるのだろうが、要は早期退職制度だ。なぜ、日本を代表する三大メガバンクにそんな事態が訪れようとしているのだろうか。

都心メガバンク店舗の「シュールな」光景

筆者は、普段はカードやスマホで支払いをし、ネットで送金し、コンビニATMで現金を引き出すが、通帳記帳も兼ねて、ぶらりと近所のメガバンクの店舗を訪ねてみた。

特に週末前や月末といった繁忙期でもないのに、5台あるATMは長蛇の列。ポールで仕切られた狭いスペースを折り重なるようにグルグルと整列させられ、スペースが少し空くと詰めるように係員に急かされる。皆の顔も暗く、一様に無言だ。

ATMがもう1台もあれば、スマホをいじっている間にそこそこ進むはずだが、何台かは、会社の請求書の束を抱えたスーツ姿の中年男性が、額に汗をにじませながら大量の振込みのために占拠中だ。その隣では、高齢女性がATMの操作方法に戸惑い、フリーズしている。家族や秘書任せでない限り、多くの皆さんも一度は見たことがある光景ではないだろうか。

一方、奥に広がる店舗スペースに目をやると、待合ソファーは閑散としており、大画面モニターのイメージ映像を見る人はいない。資産運用などを行う真新しいコンサルティングブースは全席空席。囲われた無担保ローンの機械ブースはもちろん利用者なしだ。ATMの混雑とは対照的だ。一方で、カウンター奥では、前後二列に配置された大勢の銀行員。同じ銀行の店舗内なのに、ATMには顧客の行列、誰もいないソファー席、黙々と作業する多くの銀行員、というシュールな光景が広がっている。

ここは、過疎地でも地方都市でもなく、東京都心の店舗だ。本書の執筆にあたり、後日、同じようなメガバンクの店舗を見学に行ったが、ATMの行列に、閑散としたソファー席、大勢の銀行員が同様に確認できた。そう、3メガバンクそろってである。

メガバンクも地方銀行も、店舗機能の見直しや店舗の統廃合を進めている。例えば個人の資産運用ニーズに対応するためのコンサルティングブースを設置する。ペーパーレス化や印鑑レス化、事務集中化による「次世代型店舗」の導入も増えている。どの銀行も、AI（人工知能）活用などのデジタル化による業務の効率化や、キャッシュレス化によるリテールビジネスの高度化や効率化に、人材と資金を投入し、先陣を競いPRに躍起になっている。

それらも必要だが、銀行ユーザーの思いは、筆者も含め「それよりATMをもう1台増やしてよ」ではないだろうか。

爽やかなタレントや著名アスリートを使ったテレビCM効果とは裏腹に、ATMの列に並んで待つ時間だけ、銀行に対するイメージは刻一刻と悪化してしまうだろう。デジタル化や店舗の機能強化以前の問題として、ATMの数が適正でないこと、店舗スペースの問題、人員構成や配置のいびつさといった点が、サービスの低下、顧客満足度の低下を招き、ひいては顧客離れに――と、ボディーブローのように効いてきている。

しかし、その銀行のATM行列も間もなく、なくなるはずだ。

コンビニATMの存在や、キャッシュレス化の進展によって、早晩、銀行ATMも消えていくだろう。その際、銀行の店舗はどうなるのだろうか。ガランと誰もいない店舗に銀行員だけが座っている。いや、銀行員が消え、銀行の店舗が消え、ついには銀行そのものが消えてなくなる日が刻一刻と近づいている。

いまや銀行の代わりは数多くある

どうして、消えるのだろうか?

米国のGAFA(ガーファ=グーグル、アップル、フェイスブック、アマゾン)や、我が国のソフトバンク、楽天、LINE(ライン)などに代表されるデジタル・プラットフォーマーによる銀行業務への進出が続いており、これらデジタル・プラットフォーマーが提供するスマホアプリやキャッシュレス手段などの登場により、いまや銀行機能の代替先は数多くある。

銀行のサービス劣化とミスマッチが、顧客との接点の最前線である銀行店舗において急速に進んでおり、それは「銀行ゼロ時代」の到来を暗示している。

「銀行ゼロ時代」とは、銀行員がゼロとなり、銀行店舗がゼロとなり、銀行そのものもゼロとなる時代のことだ。

日本銀行の金融システムレポートは10年後の2028年度に約6割の地方銀行が赤字になると推測している。

成長戦略を議論する政府の未来投資会議は、2019年の実行計画案の中に、地方銀行の経営統合を促すため、10年間の時限立法で、独占禁止法の特例を認める方針を盛り込んでおり、2020年の通常国会に特例法の法案提出を図るという。たしかに、地方銀行の整理・統合はすでに進んでいるし、これからも新たな統合の形をみせるだろう。だが、銀行業界が直面している厳しい現実は、このような施策では根本的には変えられない。

なぜなら、全国115行の銀行をめぐる環境に、大変動が起きているからだ。そう、「銀行ゼロ時代」に向かって――。その実態を解き明かしていきたい。

本書の第1章では、なぜ、銀行がゼロとなるのか、利ざやが縮小しているなどのマクロ要因、後手に回る金融庁の迷走などを追っていく。

第2章では、GAFAをはじめとするデジタル・プラットフォーマーの銀行業への攻勢が、銀行にとっていかに脅威となっているかを明らかにする。

第3章では、外部要因だけでなく、銀行内部からの崩壊も進んでいることを、組織や人材などの面から描く。

第4章では、銀行がゼロとなることを避ける方策はあるのか、そのための具体的な施策を提示する。

本書は、銀行の劣化を感じながら、「このまま今の銀行と付き合っていていいのだろうか」と疑問を抱いている個人の利用者や取引先の方々、金融界への就職を希望している学生の皆さんに、ぜひ読んでいただきたい。同様に危機感を持ちながらも、「このまま逃げ切れる」と思っている銀行員、金融機関の役職員の方々だけでなく、デジタル・プラットフォーマーなど銀行業務に攻め入る側の方にも一読して頂ければ幸いだ。

＊本書は、銀行や金融に関する一般的な筆者の見解をまとめたものです。法務・税務・会計に関する助言等を提供するものではなく、それらの問題や見解については税理士・弁護士・公認会計士・司法書士など専門家にご相談下さい。また、いかなる金融商品や不動産などの売買をすすめるものでもありません。投資における最終判断はご自身でお願いします。

銀行ゼロ時代　目次

第2章　GAFAの脅威　47

図表作成／谷口正孝

第1章

なぜ、銀行が「ゼロ」になるのか

（1）貸出・手数料・運用、すべて大苦戦

3重苦が3大ビジネスを直撃した

銀行業の根幹が、①人口減少、②低金利、③デジタル化という3重苦により、激しく揺らいでいる。

まず、①人口減少だが、総務省の人口動態調査によれば、２０１９年1月1日時点の国内の日本人は1億２４７７万６３６４人であり、前年比43万３２３９人の減少は過去最大、マイナスは10年連続となった。都道府県別では、東京圏（東京、神奈川、千葉、埼玉）と沖縄のみ人口が増加しており、東京への一極集中と地方の過疎化が進んでいる。

また、出生数は92・1万人と過去最少で、3年連続１００万人を下回っている。出生数が死亡者数１３６万３５６４人を下回る「自然減」は12年連続である。

一方、人口の年齢別割合において、14歳以下は前年比０・12％減の12・45％に対して、65歳以上はその2倍を超える28・06％（前年比０・40％増）に上っており、少子高齢化も

進んでいる。

人口減少・少子高齢化・過疎化は相互に関連しており、いずれも、法人・個人の顧客数の減少、市場の縮小による貸出ニーズの低下、店舗ネットワークの維持困難といった形で、銀行ビジネスに悪影響を及ぼしてきている。

次に、②低金利とは、日本銀行による低金利政策のことだ。アベノミクスの一環として、2013年4月の量的・質的金融緩和から始まった日銀の低金利政策では、(1)長期金利をゼロ%程度、短期金利をマイナス0・1%に誘導する長短金利操作、(2)国債買入れ額を年80兆円を目途とする量的緩和、(3)ETF(上場投資信託)やREIT(不動産投資信託)などリスク資産を買い入れる質的緩和という3つの金融政策を組み合わせることで、景気を刺激し、2%の物価安定目標の達成を目指している。

しかし、過去20年以上一度も物価上昇率は2%を超えておらず、目標達成は困難を極め、低金利政策は長期化している。銀行は、貸出金利の低下に伴う利ざやの縮小に苦しんでいる。

足元では、米国連邦準備理事会(FRB)による10年半ぶりの利下げが今年(2019年)7月に実施され、欧州中央銀行(ECB)による緩和路線の継続も見込まれている。

日本銀行もさらなる緩和策を打ち出す可能性があり、この場合、銀行の業績にとってはさらなるマイナスとなる。

最後の③デジタル化とは、AI（人工知能）やビッグデータの活用などによって、金融とITが融合した新しい金融サービス（フィンテック）の創出を指す。

銀行自身もデジタル化を進めたり、フィンテック事業に乗り出したりする一方、前述のように米国のGAFAや、我が国のソフトバンク、楽天、LINEなどに代表されるデジタル・プラットフォーマーによる銀行業務への進出が続いている。

利便性や価格などに優れた、これらデジタル・プラットフォーマーが提供するスマホアプリやキャッシュレス手段などの登場により、既存の銀行業務が脅かされている。このことは第2章で詳述する。

GAFAの圧倒的な存在感

GAFA4社の企業規模を見ておこう。

グーグルは検索サイト運営で世界トップシェアを誇り、アップルのスマホ「iPhone」の累計出荷台数は10億台を超えている。フェイスブックの全世界での利用者数は27億

図表1　GAFAの企業規模

	時価総額（億ドル）	売上高（億ドル）	純利益（億ドル）	従業員数（人）
グーグル（Google）	4147	1368	307	9万8000
アップル（Apple）	9219	2655	595	13万2000
フェイスブック（Facebook）	4547	558	221	3万5000
アマゾン（Amazon）	9018	2328	100	64万7000
合計	26931	6909	1223	91万2000

時価総額は2019年8月2日時点。売上高と純利益は2018年度（アップルは2018年9月末、他の3社は2018年12月末）の数値。
（出所）カンパニーレポート、Bloomberg、日本経済新聞、マリブジャパン

人を超え、アマゾンは、米国最大のネット通販企業であり、有料会員数は1億人を超えている。GAFA4社合計の売上高は6909億ドル（75兆9990億円）と巨額であり（1ドル110円換算）、総従業員数も91万2000人に達している（図表1）。

ちなみに、フェイスブックの純利益221億ドル（2兆4310億円）に対して、全国銀行115行の2018年度の当期純利益は2兆2131億円であり、フェイスブック1社で115行分の利益を稼ぎ出していることになる。

GAFAの4社合計の時価総額は2兆6931億ドル（296兆2410

億円）に達しており、メガバンク（ＭＵＦＧ、ＳＭＦＧ、みずほＦＧ）の時価総額の合計16兆３３４３億円の約18倍、日本企業の時価総額トップのトヨタ自動車の22兆６０９３億円の約13倍という圧倒的な規模である。

ところで、実は、銀行のビジネスモデルは長い年月を経てすでに確立されているものだ。預金を低利で幅広く集めて、その預金を原資に、より高い金利で貸出を行うことで利ざやを稼ぐ貸出（融資）が、本業中の本業となる。この貸出を含め、銀行の３大ビジネスとは、①貸出、②手数料、③有価証券運用の３つであり、長らく収益の３本柱にしてきた。しかし、①人口減少と少子高齢化、②低金利環境の長期化、③デジタル化の進展という3重苦により、銀行の３大ビジネスは大苦戦を強いられている。

貸出金利息も利ざやも低下

初めに本業中の本業である①貸出ビジネスをみてみよう。貸出金から得られる利息収入は、銀行の収益の大部分を占める。全国銀行協会によると、メガバンク、地方銀行など全国銀行１１５行の合計値において、貸出金利息を主とする資金利益は、業務粗利益全体（9兆６８６４億円）の72・6％を占める（２０１9年3月末）（図表2）。

図表2　全国銀行、業務粗利益（9兆6864億円）の内訳

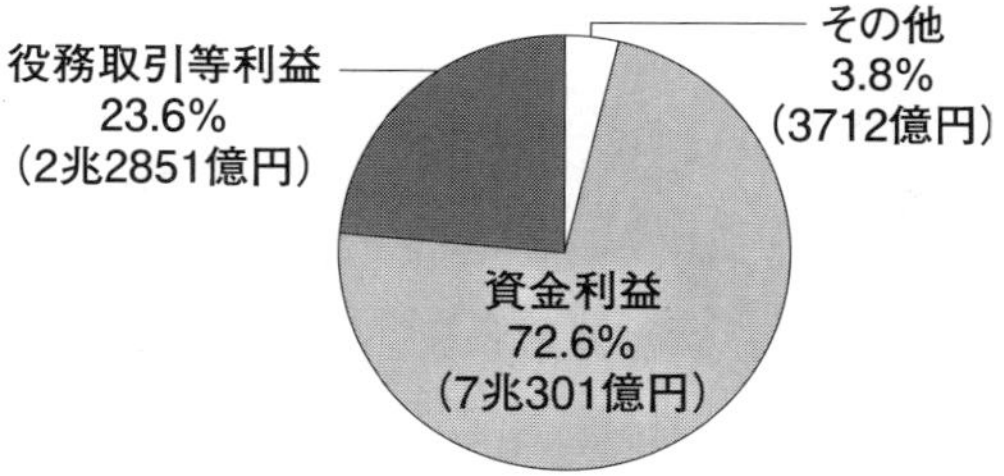

注：全国銀行（単体ベース）2019年3月末
（出所）全国銀行協会、マリブジャパン

この本業が苦戦しているのだ。２０１５年度（２０１６年3月末）には、全体で5兆１６５５億円あった国内業務部門の貸出金利息が年々減少し、足元の２０１８年度（２０１９年3月末）には、４兆５０２０億円にまで減少している。

その最大の要因は、日銀の低金利政策に伴う、貸出金利回りの低下だ。２０１５年度には1・21％あったが毎年縮小を重ね、２０１８年度には、とうとう１％割れの０・99％にまで落ち込んでいる（次頁の図表3）。

さらに詳しくみていくと、全国銀行において、貸出金利回りから預金債券等原価を引いた「預貸金利ざや」は、10年前の２００９年度（２０１０年3月末）には、０・53％あったものが、年々低下し、２０１８年度では、半分以下の０・21％にまで落ちている。

貸出金利回りに有価証券利回りなどを勘案した資金運

図表3　貸出金利回りと貸出金利息の推移

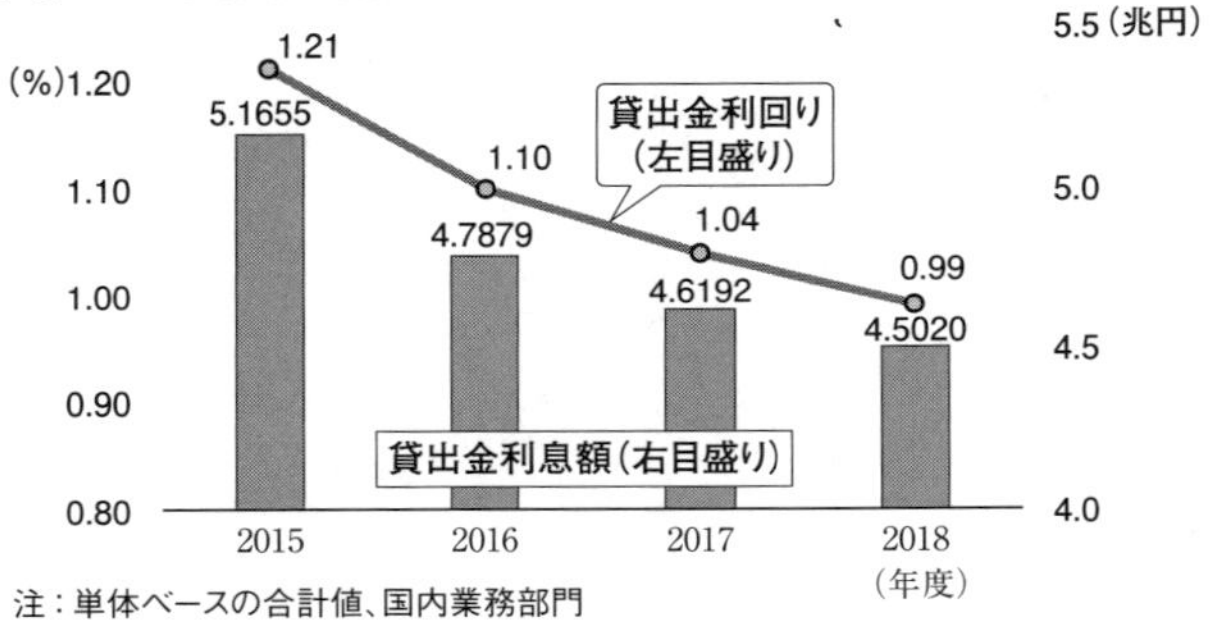

注：単体ベースの合計値、国内業務部門
（出所）全国銀行協会、マリブジャパン

図表4　「利ざや」の推移

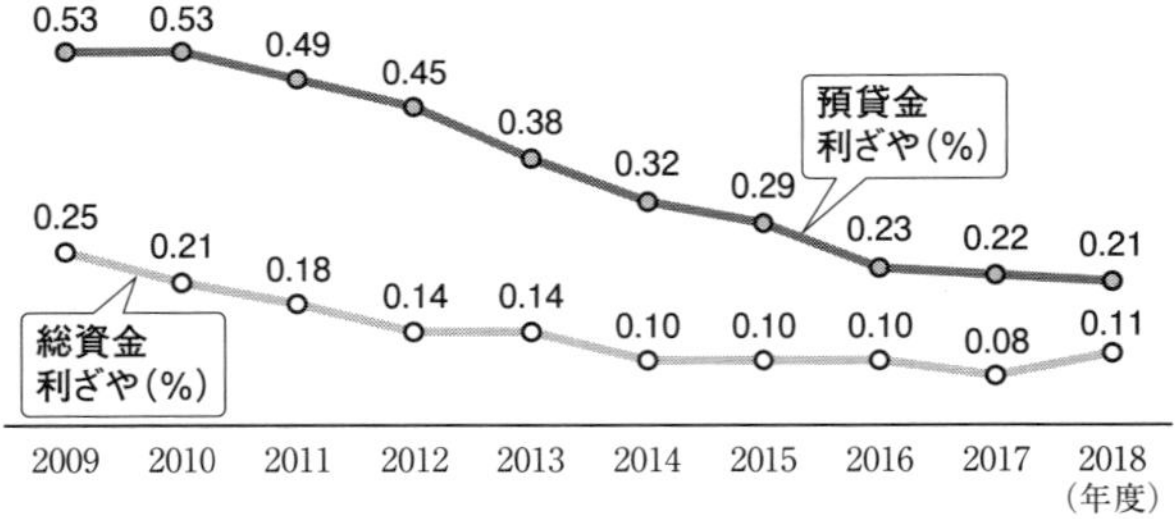

注：全国銀行、単体ベース、国内業務部門　（出所）全国銀行協会、マリブジャパン

用利回りから資金調達原価を引いた「総資金利ざや」に至っては、2009年度の0・25%から、2018年度には0・11%にまで落ち込んでいる（図表4）。

これは、10年前であれば、10億円の貸出を1年間実行すれば、調達した預金金利支払いや人件費など経費を差し引いて250万円の利益があったものが、現在では、10億円を貸出しても、1年間で110万円の利益にしかならず、銀行が得る実質的な利益が半減以下となっているということだ。

2つの打開策もうまくいかない

この状況を貸出ビジネスで打開するためには、①貸出金利回りを上げるなどで利ざやを増やすか、②貸出金残高自体を伸ばすしかない。

多くの銀行は、①②両方に取り組んでいる。しかし、①に関しては、コンサルティング提案や取引先紹介など付加価値をつけることで貸出金利の上乗せや維持を目指すが、競合する銀行も同じ状況にある中で、自行だけが貸出金利を上げることは容易ではない。

②に関しては、実は、メガバンクも地方銀行も、貸出のボリューム自体は伸びている。メガバンクを含む大手行では、前年比8・3兆円増加の305・2兆円。地方銀行では、

前年比8・7兆円増加の269・3兆円となっている（金融庁、2019年3月末）。しかし、貸出残高の増加以上に、貸出金利回りの低下の影響が大きく、貸出金利息の低下に歯止めがかかっていない。

さらに、過度な貸出の増強策にはリスクもある。スルガ銀行のアパートローンにおける不祥事のように、無理な営業によって不良債権化する事例も出てきており、現在、全国銀行全体で、6兆5361億円、貸出金残高に占める比率が1・14％（2019年3月末）に留まっている不良債権（リスク管理債権）が、この先増加する可能性もある。

つまり、①②の施策とも現状では、うまくいっていないといえる。

利ざやビジネスの崩壊

このため、国内での貸出に見切りをつけ、メガバンクでは、アジアの地場銀行を買収するなど、海外での貸出を強化している。

例えば、MUFG（三菱UFJフィナンシャル・グループ）では、2013年にタイの大手銀行であるアユタヤ銀行を買収したのに続き、2019年4月には、インドネシアの大手銀行であるバンクダナモンを総額約6800億円で買収している。しかしながら、海外での貸出やプロジェクトファイナンスといったビジネスは、為替リスクや地政学リスク、国によって異なる法令リスクなど様々なリスクを伴うため、国内向け貸出以上に一筋縄ではいかない。

千葉銀行や静岡銀行など海外支店を持つ一部の地方銀行を除けば、地方銀行は海外での貸出を伸ばすわけにはいかず、地域特性に即した新しい分野における貸出増強を打ち出している。例えば、観光、環境・再生可能エネルギー、農業、医療・福祉、船舶に対する貸出などだ。

どれも地方銀行にふさわしい魅力的な貸出先ながら、地元自治体との観光キャンペーンでのタイアップ、無料の環境セミナーや医療セミナーの開催、香港やバンコクに出向いて地元食料品を紹介するフードフェアの開催といった施策に留まることも多く、新たな貸出を生む以上に経費がかかり、むしろ赤字事業だったりする。

きらぼし銀行の医療・福祉向け貸出や、伊予銀行のシップファイナンスなど一部の成功事例を除けば、新たな貸出の柱とはならず、収益貢献もないのが現実だ。むしろ、競争力がない新しい貸出の分野、採算がこの先も見込めないビジネスからは、撤退・縮小する局面にあるといえる。

このように銀行は、①貸出金利回りの向上、②貸出金残高の増加、に加え、海外での貸出強化や、観光や環境向け貸出の強化などを打ち出すものの、どれも決定打にはなっていない。銀行の本業である貸出ビジネスは、このまま3重苦の悪影響が続けば、利ざやがさらに縮小し、ときには逆ざやが生じることで、崩壊する可能性があるといえる。

手数料収益と有価証券運用も柱にはならず

3大ビジネスの2つ目として、期待を一身に集める手数料ビジネスはどうだろうか。手数料収入（役務取引等利益）のなかには、伝統的な振込み手数料、為替手数料、ATM手数料などに加え、法人向けビジネスでの、M&A（企業の合併・買収）やビジネスマッチング、事業承継、コンサルティング業務に関わる手数料などがある。個人向けビジネスでは、投資信託や生命保険など金融商品販売に関わる手数料などがある。

しかし、先ほどの図表2が示すように、全国銀行における業務粗利益9兆6864億円に占める割合では、主に貸出金利息などの資金利益が72・6％を占める一方、役務取引等利益は23・6％に留まっており、収益の柱にはまだまだの状況だ。しかも、メガバンクから地方銀行に至るまで全ての銀行が手数料収入の強化策を打ち出しているにもかかわらず、

図表5　役務取引等利益の推移

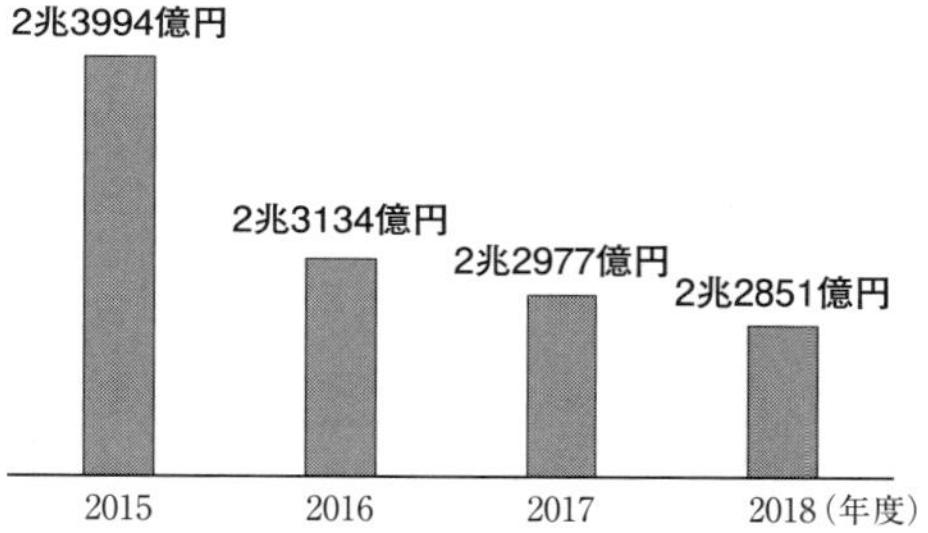

注：全国銀行、単体ベース　（出所）全国銀行協会、マリブジャパン

その収益は右肩下がりで減少している。

全国銀行ベースで2015年度には2兆3994億円あった役務取引等利益は、投資信託販売の手数料減少などにより、1千億円も少ない2兆2851億円（2018年度）に留まっている（図表5）

3大ビジネスの3つ目である有価証券運用とは、個人や法人から集まった預金を貸出だけでは運用出来ない場合、その一部を、金融市場において国債や地方債、株式などで運用して収益を上げるビジネスである。預金の流入が続く一方、貸出での利ざや拡大が期待できないなか、有価証券運用への収益期待は高い。

しかし、日銀の低金利政策の影響で、国内での運用で高いリターンを上げるのは至難の業だ。より高いリターンを目指して、海外において米国債をはじめ外国債券や海外ファンドなどへの投資を行うものの、為替

図表6　有価証券関係損益の推移

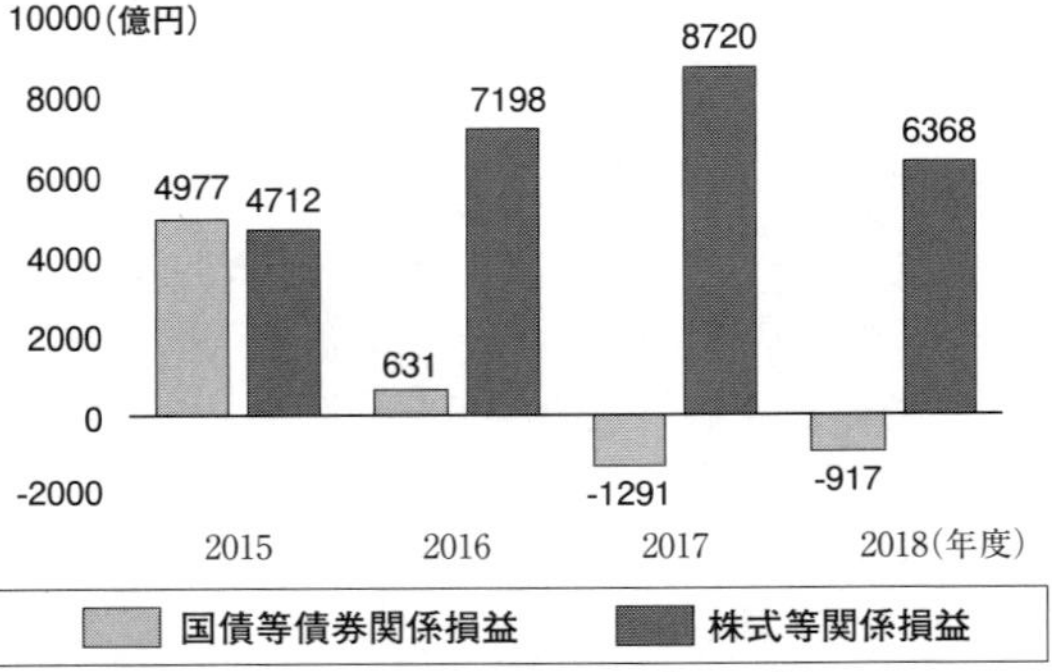

注：全国銀行、単体ベース　（出所）全国銀行協会、マリブジャパン

リスクや金利リスク、カントリーリスクもあり、これらの投資で損失計上するなど、運用収益を安定的に確保できない状況が、メガバンクも地方銀行も続いている。実際、全国銀行の有価証券利息配当金は、全体で2兆6506億円（2018年度）に上るものの、この5年来2・5兆円前後の範囲で増えたり減ったりという状態で推移している。

また、期中での市場における国債や株式の売買に伴う、国債等債券関係損益と株式等関係損益においても、損失が計上される年もあり、安定的な収益基盤とはいえず（図表6）、マーケットを相手にする以上、こちらも安定的かつ右肩上がりの収益貢献は期待できない状況だ。

このように3大ビジネスがこぞって振るわな

たのが今までのグローバルな金融市場ともいえよう。

一方で、本当の危機とは、予測が不可能なものであり、突発的に発生するものだ。過去を振り返れば、リーマンショック、ギリシア危機、バブル崩壊、不良債権問題、アジア金融危機、湾岸戦争、9・11テロ、地震などの自然災害、SARS、新型インフルエンザなどが該当する。

残念ながら、米中貿易摩擦や香港の大規模デモなど、この先も危機や不安はなくならない。予測できる危機を言い訳にせず、予測できない危機に常に備え、対処しながら経営するのが真の銀行経営者であり、銀行であるはずだ。

店舗を撤退しても、反対運動が起きないワケ

銀行は、業績の不振を受けて、現在、店舗の統廃合を進める一方、店舗ネットワークを極力維持することを掲げている。もっとも、銀行が思っているほど、銀行がなければ困る、銀行店舗がなければ困る、という顧客がいまやどれくらいいるのか疑問だ。また、その顧客は本当に銀行に収益を落としてくれている顧客なのかという疑問もある。

店舗ネットワークに関しては、ユニバーサルサービスというのであれば、すでに郵便局

がその役割を過疎地や離島を含め、全国津々浦々に張り巡らしたネットワークによって構築している。また、地域密着を掲げ地域にどうしても必要な店舗という役割は、営利を一義的な目的としない信用金庫や信用組合、ＪＡバンクなどがすでに担っている。

そういえば、「銀行店舗の撤退に反対！」という運動は、少なくとも報道ベースでは聞いたことがない。グーグルで検索しても出てこない。

これが、ローカル鉄道やバス路線、学校や病院、ガソリンスタンド、スーパー、大企業の工場などがなくなるとなると、地域住民や利用者からの反対運動が起こり、ニュースやネット報道などでも目にすることになる。

裏返して考えると、都市部でも地方でも、銀行の地域での存在意義とは、その程度のものなのではないか。銀行の店舗には、公共性があり地域性もあると銀行経営者は言うが、大部分のユーザーにとって、あれば有りがたいけれど、なくても生活が成り立たなくなるわけではない、といったところだろう。

（2）　追い打ちをかける金融庁の迷走

「長官は踊れど、銀行は疲弊する」

銀行の3大ビジネスが3重苦によって苦戦し、業績が低迷するのと歩調を合わせるかのように、銀行の監督官庁である金融庁の迷走も続いている。その迷走ぶりを数え上げたら、十指に余るほどだろう。

迷走が始まったのは、2015年7月、森信親前金融庁長官が就任してからだ。銀行の業績悪化やスルガ銀行の不祥事、仮想通貨（暗号資産）問題など懸案事項に対して説明することなく2018年7月に去ったが、3年にわたる森前長官の金融行政は、一言でいえば、「長官は踊れど、銀行は疲弊する」だった。森前長官を「最強長官」「中興の祖」と持ち上げ、その一挙一動を取り上げて解説した各メディアや専門家の罪も非常に重い。

全国銀行の当期純利益は、前述のように前年比27・1％減の2兆2131億円に落ち込んでいて、繰り返しになるが全国銀行115行のうち、78行が減益、3行は純損失という結果となっている。さらに、スルガ銀行への一部業務停止命令や、東日本銀行や西武信用金庫への業務改善命令が出されるなど、アパートローンに代表される無理な営業による不祥事が続いている。

こうした銀行の業績低迷や不祥事に、以下で述べる金融庁の空論・理想論や、グランドデザインなき行政方針からの影響がなかったとはいえないのではないだろうか。

銀行業務のデジタル化が進み、デジタル・プラットフォーマーなど異業種からも続々と参入が続く中、既存銀行のビジネスの余地は急速に狭まっている。それなのに、金融庁はいまだに「コンサルティング営業などによって収益を改善すべき」という理想論を捨て去れない。

理想論にすぎない「事業性評価」と「顧客本位」

その象徴が、①事業性評価と②フィデューシャリー・デューティー（顧客本位の業務運営）である。

①事業性評価とは、銀行の貸出先（取引先）の事業内容や成長性を銀行員がしっかりと目利きし、貸出や顧客紹介やコンサルティングなど本業支援を行うとするものだ。

②フィデューシャリー・デューティーでは、銀行側の都合ではなく、顧客のライフスタイルや資産背景に応じて、顧客に即した金融商品や金融サービスの提供をする。これらを通じて、顧客の資産形成をサポートし、長期的かつ安定的な収益確保を目指すものだ。

どちらももっともな施策ではあるが、一言でいえば「お客様にしっかり寄り添おう」「お客様のニーズに応えよう」という至極当たり前の施策であり、単なる正論にすぎない。

これらの施策で何か具体的な成果が銀行にあったのだろうか？　テレビドラマのような下克上ストーリーや、心温まる善行・善意の話ではなく、実際の収益や業績にどのように効果があり貢献したのだろうか？

残念ながら、全国の銀行において、①事業性評価の強化という掛け声もむなしく、この1年をみても貸出金利息は前年比2・6％減少、②顧客本位の業務運営も、資産形成の柱となる投資信託の販売手数料の減少などにより、役務取引等利益（国内業務部門）は2・2％の減少である（2019年3月末）。

いや、「事業性評価などで成果が出ている銀行もある」という声もある。しかし、「地域金融機関の成功事例」「サクセスストーリーに学べ」といった見出しのもと、経済誌などで紹介されるその事例は、いつもワンパターンだ。

いち早く営業ノルマを廃止した北國銀行、分厚い自己資本を誇る稚内信用金庫、芸者ローンなど独自ローンの第一勧業信用組合、電子地域通貨「さるぼぼコイン」を主導する飛騨信用組合、原則3日以内に融資する広島市信用組合などが常連だ。

なぜ、いつもワンパターンのメンバーで、後続の事例が現れないのだろうか。

もちろん、これら金融機関の取り組み自体は、優れた経営者によるユニークかつ賞賛に値するものだ。

だが、今紹介した金融機関以外の例だが、過疎地や銀行が一行しかない地域に位置しているか、株式会社ではなく、営利を一義的目的としない信用金庫や信用組合といった小規模な協同組織金融機関であったり、なかには公的資金注入行の事例もあったりする。

こうした競争原理が働いていない可能性がある例外的な地域や、協同組織金融機関の事例をもって、競争の激しい大多数の都市部の銀行の模範とすること自体、無理があるのではないだろうか。

筆者が金融機関向けセミナーで講師として話をすると、参加者から「金融庁のここ数年来の言動に疲弊している」との声が多く聞かれる。

確かに、銀行ほど事業性評価や顧客本位の業務運営の徹底といったビジネスモデルのあり方まで監督官庁に指示され、原価開示を求められ、膨大な報告書を要求される業界は他にはないだろう。大多数の銀行は上場する株式会社であるにもかかわらずである。

外部の専門家や金融審議会からの助言を含め、机上で考えた新しい企画と理想論を次から次へと銀行に迫る。某大手銀行の経営者は、金融庁の今の施策はユートピア的なものばかりだと筆者に語っている。実務とどのようにかけ離れているかは後述するが、その通りだと思う。

解せない、仮想通貨への前のめり対応

金融庁にとって新たなる領域である仮想通貨（暗号資産）や、インターネットを介して不特定多数から資金を募るクラウドファンディングでは、不正流出事件や訴訟問題など不祥事が相次いでいる。

一方、本来なら金融庁が主導すべきキャッシュレス化や決済プラットフォームの構築では経済産業省にお株を奪われ、さらに「銀商問題」（後述）をはじめ、デジタル・プラットフォーマーへの対応も後手に回った。金融庁の無策と迷走が、銀行がこれらの分野で劣勢である一因といえる。

例えば、仮想通貨では、まだ世界的な評価や規制のあり方も定まらないなか、2017年4月、世界に先駆けて仮想通貨交換業への登録制を導入することで、その活動を認めるなど、金融庁は自らの管理下に置くために前のめりの対応を実施した。その後、18年1月、

コインチェック問題などの不祥事が続き、中国など多くの規制当局では禁止や制限措置がとられ、同年3月のG20（主要20カ国・地域）サミットでも通貨ではなく暗号資産としてマイナス点を列挙され警戒されるなど、世界では全く逆の動きとなっている。だが、引くに引けなくなった金融庁は場当たり的な対応に追われている。

足元では、2019年7月12日、仮想通貨交換業者ビットポイントジャパンが、約35億円相当の仮想通貨の不正流出を発表している（その後約30億円と修正発表）。同社は、そのわずか2週間前の6月28日に、システムリスク管理の不備などを理由に金融庁から受けていた業務改善命令を解除されたばかりであり、金融庁の監督責任が改めて問われる事態となっている。

実は、金融庁はヒマである

実はここ数年来、金融庁はヒマなのだと思う。それは、金融システムが安定していることの裏返しでもある。バブル崩壊後の不良債権問題や金融不祥事、リーマンショックなど、過去20年間、金融庁の卓越した指導と銀行側の努力により度重なる危機を乗り越えた賜物であろう。

ヒマであれば本来は人員削減をして他社への転職を勧める。もしくは他部署への配置転換となるが、いかんせんお役所である。ヒトが増えることがあっても減ることはない。新たなる仕事や施策が必要になるわけだ。金融庁が仮想通貨の取り込みに前のめりになったのも、業務拡大が急務だったことが背景にあるのではないだろうか。

バブル崩壊後の銀行の不良債権問題への対応のため、増員されてきた金融検査官がだぶついているという事情もある。たしかに彼らの奮闘のおかげで不良債権問題は収束したといっても過言ではない。

だが、現在はかつてほどのニーズがないのも事実だ。例えば、インバウンド（訪日外国人）の急増で喫緊の充当が必要となっている法務省の入管職員への異動などが出来ればいいのだろうが、縦割り行政ではそうはいかない。

グランドデザインなき「銀商問題」

金融庁は、同様の銀行業務を行うにもかかわらず、事業主体が銀行の場合と一般事業会社の場合とで金融規制が異なる「銀商問題」の対応にも直面している。銀行は銀行法で業務範囲規制が課せられているが、一般の事業会社が銀行を持つことは規制されていない。

例えば、楽天やＬＩＮＥといったデジタル・プラットフォーマーなどの異業種による銀行参入が続くなか、既存の銀行は「楽天は銀行を傘下に持てるのに、銀行は楽天を傘下に持てない」から不公平だと訴えている。

銀行側は、イコールフッティング（公正な競争条件）の確保や、「同一サービス同一規制」の原則適用を求めている。

戦前の財閥銀行による産業支配への反省もあり、銀行は財務の健全性の維持や貸し手としての強い立場の悪用を防ぐため、一般事業会社に対して５％までしか出資できなかった。しかし、２０１７年施行の銀行法改正により、銀行は、ＩＴ企業などへの５％を超える出資が原則的に認められた。今後は、地域商社や事業再生・事業承継に係る部分に加え、例えば、介護施設や広告会社への出資緩和も期待されているものの、まだ規制があることに変わりはない。

また、送金業務においては、現在は銀行以外の業者は、登録制で送金額が１００万円までに制限されている。この資金移動業者には、ＬＩＮＥ Ｐａｙ（ラインペイ）や楽天などがあるが、政府は規制緩和として、１００万円を超える送金を認める法改正を検討しており、２０２０年にも法案を提出する方針である。

もっとも、これが実現したとしても、銀行以外の資金移動業者には、もう一つの「疑似預金」の問題がある。例えば、スマホ決済のLINE Payでは、預けた資金をすぐに送金できるが、余った分はLINEに「預金」している状態になる。銀行預金と異なり、預金保険法の対象外であり、万が一の業者の破綻時には「ペイオフ」(元本1千万円とその利息の保護)は適用されず、元本毀損の可能性がある。

預金者の保護を含む、金融システムの維持・安定という大原則を前提に、日本の銀行制度や金融業界をどう再構築したいのか、金融庁によるグランドデザインの提示と舵取りが求められているが、明確な方針は示されていない。

「デジタル金融年金省」を創設せよ

金融のデジタル化や銀商問題の行司役に加え、公的年金制度が揺らぐなか、個人の資産運用における啓蒙活動や制度整備も今の金融庁に求められている仕事だ。NISA(少額投資非課税制度)や、iDeCo(個人型確定拠出年金)の導入を機に深まった、厚生労働省との個人の資産運用における連携を進め、例えば、FP(フィナンシャル・プランナー)資格は厚生労働省所管、証券アナリスト資格は金融庁所管といったねじれを是正することも必要だろう。

しかし、金融「庁」にとって、こうしたデジタル化や銀商問題、個人の資産運用といった全産業的で横断的なテーマは重荷であり、対応に限界があるともいえる。

簡単ではないが、将来的に厚生労働省の年金部門に加え、経済産業省のクレジットカード会社やノンバンクなどの管轄を共管・移管するなどして、総合的な金融分野におけるデジタル対応と金融行政を統括する、「デジタル金融年金省」を目指すべきではないだろうか（図表7）。財務省との再統合という選択も頭の体操としてできよう。

金融年金省として、「庁」から「省」に移行することで、銀商問題など銀行とデジタル・プラットフォーマーとの関係整備だけでなく、人生100年時代を迎えるにあたって、銀行業界が規制緩和を要望している次の3点の可能性がみえてくる。
①事業承継や相続に係る不動産仲介の解禁や、②銀行本体での税理士業務の解禁、③併営することなく遺言信託・遺産整理業務の取扱い解禁、といった新しいビジネスに繋がる施策である。
顧客の利便性向上や、地域社会への貢献といった観点を踏まえ、より全産業的かつ社会全体的な見地から、それぞれ管轄する総務省や国土交通省などと交渉・連携していくこと

図表7　「デジタル金融年金省」（イメージ）

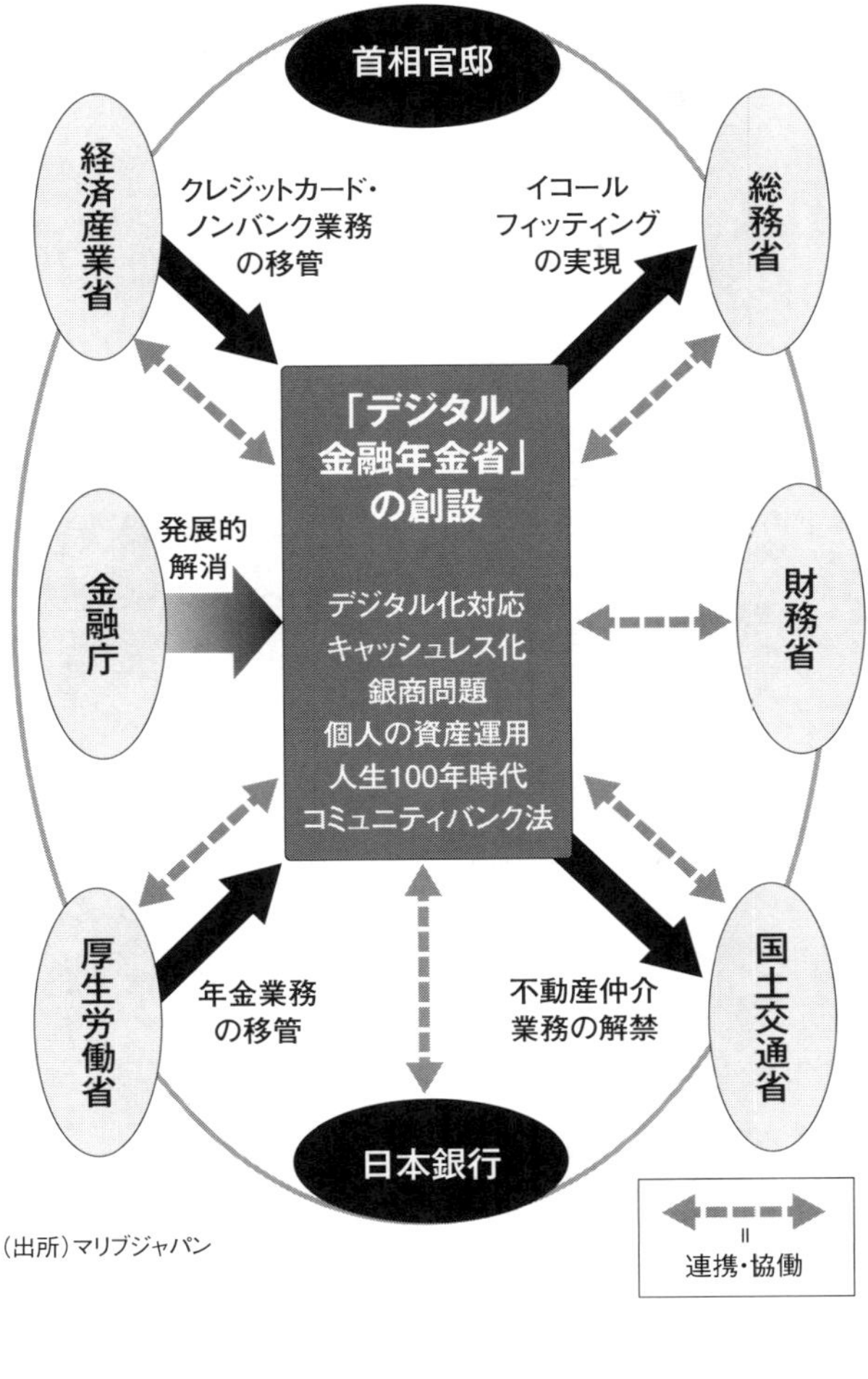

（出所）マリブジャパン

が可能となろう。

金融庁は、銀行に対して「変わるべきだ」と変革を煽り圧力をかけるばかりでなく、デジタル化時代の環境や制度を整備し、新たな金融ビジネス創出のための規制緩和に努めることこそ重要な仕事であるはずだ。だが、現状は、銀行のサポーターとはいえない状況が続いている。

第2章　GAFAの脅威

(1) トドメを刺すデジタル・プラットフォーマー

低迷する法人向け貸出

GAFAをはじめとするデジタル・プラットフォーマーの「進攻」について述べる前に、現在の銀行の状況をもう一度おさえておこう。

銀行の主力業務である法人向け貸出の実態はどうなっているだろうか。

日本銀行によると、国内銀行の総貸出金残高508兆2326億円のうち、法人向け貸出金残高は63・7%を占める(2019年3月末)。

しかし、これまで述べてきたように人口減少と低金利政策が続くなか、残念ながら、この先も銀行員による対面を主体とした、国内の法人向け貸出からの収益拡大は見込めないのではないだろうか。団塊世代の大量退職もあり人手不足が常態化するなか、企業や業種間での人材獲得競争も激しく、企業はいま、カネや情報ではなく、ヒトが欲しいともいえる。そんななかで、預貸金の利ざやが年々低下し、2019年3月末には10年前の半分以下に落ち込んでいる。

この状況を貸出ビジネスにおいて打開するためには、利ざやを増やすか、貸出金残高自体を伸ばすしかないが、両方ともうまくいっていないこともすでに記したとおりだ。

銀行は、事業性評価の徹底によるコンサルティングやビジネスマッチング、創業支援などを、金融庁からの「アドバイス」もあって実践してはいるものの、どれも決定打にはならない。このことは、現場の銀行員が一番感じているはずだ。

それよりも、信用創造ならともかく貸出需要の創造とは、本来の銀行の仕事なのかという疑問も浮かぶ。銀行は基本的に受け身のビジネスであり、経済社会の縁の下の力持ちであったはずだ。

本当にコンサルティング営業ができるのか?

前述のように、これからはコンサルティング営業や相談業務に注力すると、ほとんど全ての銀行が表明している。

しかし、コンサルティング営業の対価として手数料を得たり、従来1・0%の貸出金利から付加価値をつけて2・0%としたりすることが、本当に可能なのだろうか。

例えば、あるメガバンクと取引のある食品加工業を営むA社の社長。借入金5億円の金利は年1・0%だ。この銀行の担当者は足繁く訪問してくれ、「食品加工業の将来」「AI導入による業務効率化」など、情報提供やコンサルティング提案をしてくれる。それ自体は有りがたいのだが、この業界で30年の経験を持つ社長によれば、当たり前の話や知っている内容ばかりだという。先日、その担当者から、「今後もコンサルティング提案を続けたいが、これからは、手数料での対価、または、現在、年1・0%の借入金利に上乗せし、年1・5%としてほしい」と言われたそうだ。

それならば、今後、コンサルティングはいらない、と社長は回答する。厳しさを増す経営環境下、追加の手数料や金利負担は出来るだけ回避したいからだ。それでも粘る担当者をどうしようかと思案していたところ、他のメガバンク2行から、相次いで飛び込み営業を受けた。彼らもコンサルティング営業を強化しているというが、これまでの話を打ち明けると、「うちなら、無料でコンサルティングしますよ」「借入金利も年0・8%でどうでしょうか」と提案されたという。

この事例が示すように、まず、そもそも対価を払うほどの価値ある情報提供やアドバイスを、百戦錬磨の企業経営者やその業界の専門家に対して、銀行員が出来るのだろうか。

メガバンクから地方銀行まで、そのために研修や資格取得のための勉強会を開催したり、研究機関や異業種に出向させたりするのだという。

大垣共立銀行や山梨中央銀行、鹿児島銀行など多くの地方銀行では、法人向け貸出などビジネスでのコンサルティング能力の向上につなげるため、若手行員を中心に、地元のホテルや旅館、製造業の工場、テレビ局やコンビニなど異業種で研修を積ませている。研修の趣旨と内容自体は興味深い試みである。しかし、こうした試み自体が少なからぬコストであり、時間もかかるものだ。

さらに、仮に、対価を得るに値するコンサルティングができたとしても、競合他行が「うちは無料で提供しますよ」と提案してきたらどうだろうか。

そろそろ現実に向き合うべきである。「銀行員がしっかりと目利きし、貸出や顧客紹介やコンサルティングなど本業支援を行う」というコンサルティング営業は、現実の競争環境を考慮しない、理想論でありユートピアだ。

前記したように、部分的な成功事例をもってきて、多くの大規模銀行や都市型銀行に同様の成功を求めてもそれは無理な話だ。競争環境が違う。ましてや、営利を一義的目的としない信用金庫や信用組合といった協同組織金融機関の事例と混同されても困る。

「渡りに船」の、法人向け貸出からの撤退

デジタル化の進展による銀行の法人向け貸出の未来像は、個人向けビジネス同様にスマホやネットが基本となり、ＡＩ判断でシンプルに運営されることになる。

銀行員による対面を主体とした国内の法人向け貸出は、利ざやの縮小による採算の悪化が続くことと、有効な打開策が見当たらないなか、合理的に判断すれば、早晩、多くの銀行がそのビジネスから事実上撤退する、または後述するＡＩシステムなど機械に置き換わるはずだ。

無論、法人向け貸出に、より特化して生き残る銀行はあるだろう。過疎が進み事実上独占状態の地域では、例外的に存続も可能であろう。また、最低限の貸出機能はＡＩ導入による貸出モデル（ＡＩレンディング）によって残すことは可能であろう。

しかし、全ての銀行に対してのパイはもはや用意されていない。住信ＳＢＩネット銀行や楽天銀行、イオン銀行などネット銀行が総じて好調なのは、店舗を持たず人員が少ないことに加え、法人向け貸出ではなく、住宅ローンなど個人向けビジネスを中心としているからだ。その事実から目を背けてはならない。銀行には、「法人向け貸出を行わなければ

ならない」という規制がかけられているわけではないのだ。

第4章で詳述するが、銀行は、法人向け貸出中心のビジネスモデルから、個人向け資産運用を核にした新しいビジネスモデルへの転換を図ることが、現実的な生き残り策ではないだろうか。

MUFGグループ内の機能分担の側面はあるものの、三菱UFJ信託銀行が法人向け貸出だけでなく、住宅ローンなどの貸出業務から全面撤退し、個人向け資産運用や信託業務に集中するのはそのさきがけともいえよう。

個人金融資産の増加や公的年金制度への不安、相続ニーズの増大などから、今後も個人向け資産運用ビジネスは拡大が予想される。無益な競争を強いられる法人向けビジネスから撤退することも、勇気ある前向きな経営判断であるはずだ。

法人ビジネス自体が縮小するため、当然ながら、一部のメガバンクなどを除けば、大手行や地方銀行が有するシンガポールや香港、ベトナム、ロンドン、ニューヨークなど海外の店舗や駐在員事務所の多くは不必要となる。その多くが収益を生まず赤字とみられることからも、縮小・廃止ということになろう。

また、法人向け貸出から撤退、あるいは縮小するのであれば、その原資となる預金も従来のようには必要でなくなる。日銀の低金利政策が続き、必要以上の預金が銀行に流入して重荷となっている現状では、銀行にとって「渡りに船」ともいえる。

銀行は、預金金利のさらなる引き下げ、ボーナス・キャンペーン廃止、金利上乗せ特典の廃止、紙の通帳廃止などに加え、口座維持手数料を導入することで、預金に関わるコストを削減し、預金の流入を防ぐことも必要となろう。

貸出業務に参入したIT企業との競争

銀行員による対面での貸出業務が苦戦する一方、銀行の中核業務である貸出が、AIによって大きく変わろうとしている。

「AIレンディング」（オンライン融資）とは、簡単に言えば次のようになる。法人向け貸出では、決済や財務情報をリアルタイムで把握するクラウド会計のデータを、個人向け貸出では、年収や勤続年数などの個人情報をAIで分析し、貸出金利や期間など融資条件を設定するものだ。

オリックスの子会社の弥生は、その子会社のIT企業・アルトアを通じて、2017年12月から、弥生の持つ会計ビッグデータやオリックスの持つ与信ノウハウを活用し、オンライン上で短期間で審査を行い、自社ソフトを利用する中小企業向けに貸出を行っている。

個人向け資産・家計管理会社のマネーフォワードでも、子会社を通じて、2019年5月から中小企業や個人事業主向けAIレンディング「マネーフォワード ビズアクセル」を開始している。

楽天やリクルートなどは、日々の決済や口コミなどのデータから信用力を判断し、銀行を介さずに貸出事業に参入してきている。

GAFAの一角である米アマゾンは、2011年から同社に出品する企業へ売掛債権の範囲内での融資を始めており、日本においても同制度を導入し、貸出を拡大しつつある。

AIレンディングは、いまだ技術的に発展途上であり、個人や零細企業をターゲットとしていることから、貸出市場全体に占める割合も微々たるものだ。しかし、従来型の銀行による貸出と比べて、提出書類の量、審査スピード、金利水準、デフォルト率、人員コストなど多くの部分で優位性がある（次頁の図表8）。既存の銀行貸出では、担保や業歴、決算内容などの条件が満たされず、審査が通らないような個人や企業であっても、AIレンディングでは、個人の属性（年齢、職業、年収など）や企業の資金・商品フローなどを審査対象とすることで、借入が可能となるケースが出てくることになる。

図表8　銀行融資 vs AIレンディング

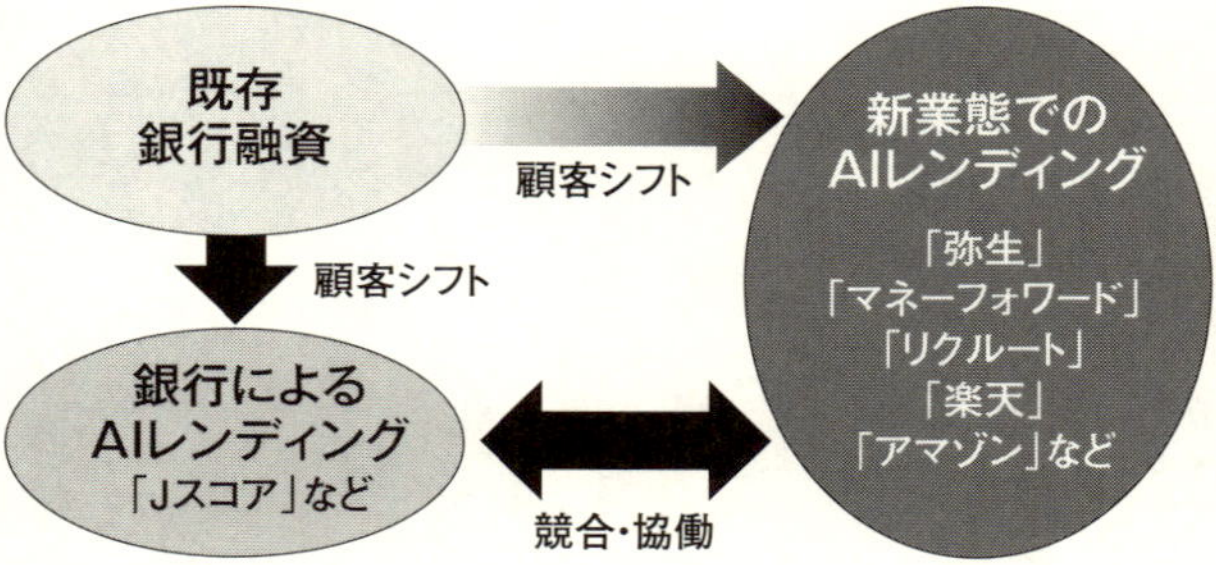

	銀行融資	AIレンディング
申込審査	対面	ネット・スマホ
提出書類	多い	少ない
審査スピード	遅い	早い
貸出金利	低い	より低い〜より高い

（出所）マリブジャパン

銀行は、銀行員による対面審査をベースとした貸出を主とし、コストも時間もかかる上に、コンサルティングや目利きを提供するというユートピアの世界に浸っている。ＡＩレンディングの利便性やスピード感を一度体感したユーザーが、従来型の銀行貸出に戻ることはない。

銀行は、ＡＩレンディングの拡大を受けて、従来型の貸出から撤退か縮小し、資産運用など個人ビジネスへシフトするか、あるいは自らもＡＩレンディングに積極的に参入するかの岐路に立たされている。どちらを選択しても銀行の店舗と人員のダウンサイジングは避けられない。

銀行のなかで、真っ先にAIレンディングに踏み出したメガバンクが、みずほフィナンシャルグループだ。みずほ銀行とソフトバンクが出資する「Jスコア」で、2017年9月からAIを使ったオンラインの個人向け貸出を開始している。

スマホで完結、金利も安い

東京都内で中小企業を経営するK氏の実例を紹介しよう。

K氏は得意先からの急な注文に応えるために、急遽300万円の資金が必要となった。取引のある大手行の担当者に電話すると、前向きに検討するので、まずは支店に決算書類などを持参して申込書に記入して欲しいという。K氏は、午後から雨の予報なのに、今から行くのは正直面倒くさいと思いながらも、「ちなみに、審査の結果までにどれぐらい時間がかかるか」と聞いてみる。「最短で5営業日はみておいて下さい」と言われる。だめだ、それでは間に合わない。しかも、融資可否はその時にならないと分からない。K氏は一旦、電話を切って、どうしたものかと、スマホをいじりながら思案する。

その時、バナー広告で目に飛び込んできたのがJスコアだ。試しにトライしてみる。名前、住所、年収、職業などを入力し、質問に答えていく。ものの10分で、スコアが表示され、仮審査ながら300万円まで借りられるという。さらにいくつか質問に答えると、その都度、金利も低くなっていく。その後、運転免許証と確定申告の表紙をスマホで写し、そのままスマホで送ると、その日のうちに本審査が通ってしまった。

K氏は、AIレンディングの実力と使い勝手のよさをまざまざと感じたという。そのスピード、スマホ上で完結する便利さ、そして何より、銀行の当該ローンよりも金利が低いという。これでは銀行融資に勝ち目はないのではないだろうか。

実際、Jスコアでは、AIが顧客の年収や預金額をはじめ、購読する新聞や英検資格の有無、自動車の保有有無などライフスタイルに関わる最大で約150の情報に基づいて信用力を点数化し、融資可能額や金利を決める。スコアが高ければ高いほど、低金利かつ高い極度額で借り入れが可能となる。金利は0・8%~12・0%、貸付極度額は1000万円までとなる。

借り手は融資の申込みから口座振り込みまでスマホ・ネットで完結でき、最短で即日融資が可能だ。2019年3月末での実績は、貸付極度193億円、スコア取得数52万件になっている。なお、Jスコアは、銀行ではなく消費者金融会社であるため、年収の三分の一以内という借入限度額に縛られることになる。

Jスコアは、今後、申込みや審査の過程で得られたスコアなどの顧客データを、顧客の合意のもと、小売り企業や保険会社、旅行会社などに提供することで手数料を得るビジネスにも参入予定であり、個人情報の提供によって対価を受け取る情報銀行の認定取得に向けて申請中である。

カニバリゼーション（共食い）が起きてしまう

みずほFGでは、個人向けだけでなく、個人事業者や中小企業にもAIレンディングの対象を拡大しており、2019年5月からは、主に年商10億円以下でみずほ銀行の法人口座を持つ中小企業向けに、来店や決算書類の提出が不要でオンライン完結する「みずほスマートビジネスローン」の案内を開始している。審査申込みから入金まで最短2営業日だ。みずほ銀行では、2022年3月末には、貸出先数1万社、貸出残高300億円を目指すという。みずほ銀行の中小企業等貸出残高の合計31兆2161億円（2019年3月末）からみれば、0・1%と微々たる数値ではあるが、対象企業の拡大などにより今後大きく伸びるだろう。

三菱ＵＦＪ銀行も、中小企業向けの会員サイト「ＭＵＦＧ Ｂｉｚ」において、オンラインのＡＩレンディングを始めている。

地方銀行では、福岡銀行が２０１７年５月から、中小企業向けのオンライン貸出「ファストパス」を始めており、累計実行件数約７００件、累計実行額約20億円（２０１９年３月末）と積み上がってきているが、福岡銀行の中小企業等貸出残高の合計６兆６０９７億円（２０１９年3月末）と比べると、まだまだ拡大の余地は十分にあろう。

このような既存の銀行によるＡＩレンディングへの進出は、新たなビジネスチャンスを生む可能性がある一方、銀行自身が、既存の法人向け貸出や個人向け貸出の領域を侵食することになり、決済や送金の分野同様、融資においても、銀行におけるカニバリゼーション（共食い）が起きることにもなる。

大企業向けこそAIレンディングを

現在は、個人や中小企業向けがＡＩレンディングの中心だが、本来は、ディスクロージャー（情報公開）が充実し、さまざまな情報を入手しやすい大企業向け貸出こそＡＩレンディングとの相性がいいはずだ。

大企業の多くは上場企業でもあり、決算短信から有価証券報告書、IR説明会資料、ディスクロージャー誌など、公表資料には事欠かない。株価や公募社債の起債実績、格付け会社による格付けやCDS（クレジット・デフォルト・スワップ＝信用リスクを売買する金融商品）のデータもある。もちろん、決済や財務情報をリアルタイムで把握するクラウド会計のデータも豊富だ。

メガバンクや地方銀行は、メインバンクとしての役割を果たせずにいる。東芝をはじめ、シャープ、エルピーダ、タカタ、神戸製鋼、ルネサスエレクトロニクス、日産自動車、ジャパンディスプレイ、曙ブレーキなど不祥事があったり、業績不振に陥ったりした大企業に対して、長年の関係や経済・産業への影響を言い訳に、ただ期日にロールオーバー（融資の延長）したり、債権放棄に応じたりするだけで無策であった。

ましてや、事前にこれらの不祥事や業績不振を予測し、迅速に対応したといった話も聞かない。大企業側も、M&Aや事業改革といった大きな経営課題に対して、知恵袋や実行役として頼るのは、外資系の投資銀行や証券会社、コンサルティング会社や法律事務所だったりする。本部のエリート銀行員による、対面審査やリレーションシップ・マネジメントやコンサルティング提案が、結果的にその役割を全く発揮できていない大企業向け貸出こそ、ＡＩレンディングに置き換えていくにふさわしい。大企業向け貸出に携わっていた店舗、営業や融資や事務の人員は大きく削減される一方、貸出残高が変わらなければ、銀行の業績好転にも大きく寄与するはずだ。

ＬＩＮＥ銀行誕生の衝撃

ＬＩＮＥ（ライン）は現在、日本だけでも月間８０００万人ものアクティブユーザー（２０１９年３月）を持つ巨大なデジタル・プラットフォーマーだ。そのＬＩＮＥが、メガバンクのみずほと共同でネット銀行「ＬＩＮＥ銀行」を設立する。出資比率は、ＬＩＮＥ Ｆｉｎａｎｃｉａｌが51％、みずほ銀行が49％で、２０２０年度の開業を目標としており、「スマホベースの次世代型銀行」の展開を目指すという。

また、すでに設立されている「ＬＩＮＥクレジット」の出資比率は、ＬＩＮＥ Ｆｉｎａｎｃｉａｌが51％、みずほ銀行が34％、オリコが15％であり、信用スコア事業「ＬＩＮＥスコア」の提供を２０１９年６月から開始している。

ＬＩＮＥでは、その他にも、スマホアプリを通じた投資サービスである「ＬＩＮＥスマート投資」、損保ジャパン日本興亜と組んだ保険サービスの「ＬＩＮＥほけん」を始める

図表9　LINEによる金融サービスへの攻勢

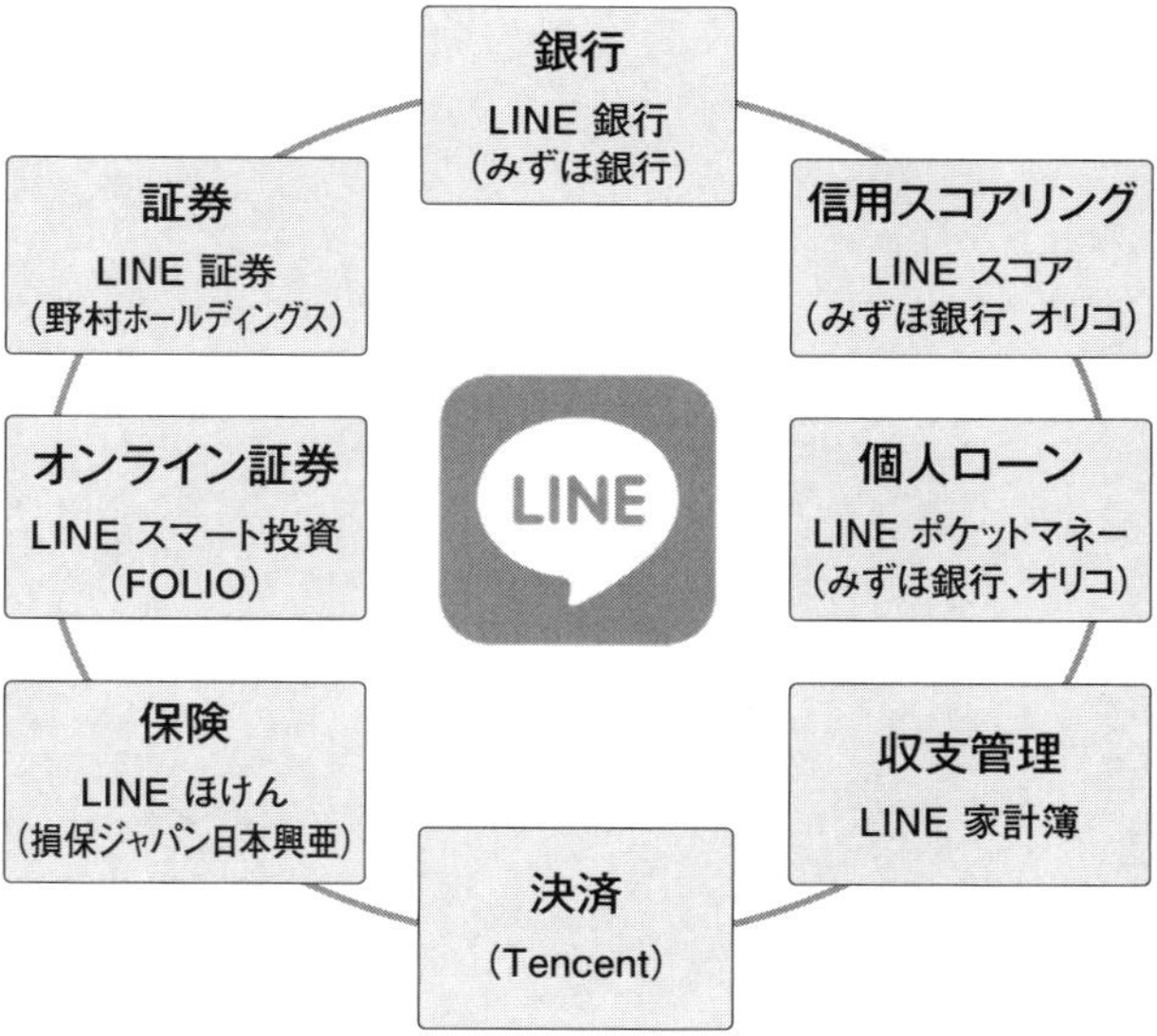

(出所)カンパニーレポート、マリブジャパン

など、スマホアプリでの金融サービスを展開している。

ＬＩＮＥは、銀行設立によって、銀行、証券、保険、決済、信用スコアリングなどを有する総合的な金融サービスを、スマホ上で提供できる体制を構築することになる（図表9）。

ＬＩＮＥ銀行は、ＬＩＮＥの持つＩＴ技術とみずほＦＧの持つ金融ノウハウを組み合わせることで、スマホ向けの無料通話・チャットアプリ「ＬＩＮＥ」の国内ユーザーに対して、スマホ経由の送金や少額融資など金融サービスを提供する。

さらに、膨大な金融取引や顧客情報から得られるビッグデータも活用し、新たな収益源とする目論見だ。メガバンクなど既存の銀行と違い、有人店舗やATMやシステム、余剰人員を持たないため低コスト運営が可能なのも大きな強みだ。

デジタル化の進展により、異業種によるネット銀行やネット証券、スマホ証券はすでに数多く設立され活躍している。しかし、メガバンクを大きく上回る顧客基盤を抱えるデジタル・プラットフォーマーのLINEが、既存のLINEアプリと連動させた金融サービスを提供すれば、そのスムーズな利便性から多くのユーザー利用が見込まれ、LINE銀行の誕生は既存の銀行にとっては脅威となる。

なお、ふくおかフィナンシャルグループ（ふくおかFG）では、2020年度中に地銀初のネット銀行「みんなの銀行」を設立すると発表している。みずほFGによるLINE銀行と同様、デジタルネイティブ世代の取り込みを目指すものの、ふくおかFG傘下の福岡銀行などとのカニバリゼーションの問題を抱えることになる。

LINEはメガとの提携で、信用力の確保を目指す

ところでなぜ、LINEはメガバンクのみずほFGと提携するのだろうか。LINEだけでスマホ銀行を設立することも十分可能なはずであり、当然、単独設立の方が、経営の自由度も収益寄与も大きくなるにもかかわらずだ。

LINEのメッセージや決済などで取り扱う情報の管理に関して、不安を感じる国内ユーザーもいるのがその理由といえる。

最先端でかつ働きやすさを追求したLINE本社オフィスは東京・新宿にある。取締役会の過半数は日本人で構成され、日本の法律に基づいて管理・運営されているが、もともとLINEは、韓国のIT企業ネイバーの日本法人であり、LINEはネイバーの日本法人のメンバーが独自に企画して作りだしたものだ。2016年7月には東京とニューヨークで同時上場したが、ネイバーは上場後もLINE株の7割超を保有する親会社である。

このため、LINEは日本企業なのか韓国企業なのか、LINEは日本製か韓国製かという「論争」は、ネット上で絶えることのないテーマだ。さらに、LINE銀行設立の発表を受けて、友人同士のたわいもないチャットならともかく、送金や決済、資産管理などの金融サービスをLINEで行うことに不安を訴える声がある。また、安全保障上の懸念から、米国を先頭に中国のスマホ最大手企業ファーウェイの使用を控える動きに加え、日本による韓国への輸出管理の優遇措置撤廃（2019年8月）もあり、他国に情報を管理されるのでは、と危惧する声があるのも事実だ。

こうしたユーザーの不安を想定していたのか、日本経済新聞の2018年11月28日付の報道によると、「LINEは当初、韓国大手の新韓銀行の日本法人・SBJ銀行との3社提携を模索したが、みずほ銀がバックアップすると表明し、最終的に2社での提携となった」という。

慰安婦問題や徴用工裁判で我が国の国民感情が大きく悪化しているなかでの、LINEと韓国系銀行との提携は、日本国内のユーザー離れを招く可能性が高かったともいえよう。韓国系のイメージや、個人情報に関する安全性や信頼性への不安を持つ一部ユーザーへの対応策としても、LINEにとって、日本を代表するメガバンクであるみずほFGとの提携は願ってもないことだったといえる。

みずほFGは、母屋を取られる可能性も？

LINEの事情は分かった。それでは、日本の金融業界の頂点に君臨するメガバンクのみずほFGはなぜ、潜在的な競合相手でもあるLINEと組むのだろうか。

みずほＦＧは、融資の審査や決済インフラの安全性確保、マネーロンダリング対策などのノウハウを提供することで、ＬＩＮＥ銀行を黒衣《くろご》として支え、データビジネスに活用する目論見だ。つまり、みずほは、膨大な顧客を抱えるＬＩＮＥとの協業を通じ、スマホを若いときから駆使するデジタルネイティブ世代との接点の確保を目指すという。

たしかに、若年層のメガバンクをはじめとする既存の銀行離れは著しいようだ。今や個人による普通預金口座の開設件数は、メガバンク３行（三菱ＵＦＪ銀行、三井住友銀行、みずほ銀行）の合計より、住信ＳＢＩネット銀行や楽天銀行、イオン銀行などネット銀行の方が多いとの見方もある。これらネット銀行９行の預金残高は、21兆４０９６億円、口座数は３００５万（２０１９年３月末）に達している（次頁の図表10）。

また、楽天銀行の口座数と預金量は右肩上がりで増えており（図表11）、２０１９年６月時点では、７６０万口座、預金量３兆２７８億円に達している。他のネット銀行も同様の傾向であり、その多くは、デジタルネイティブの若年層が占めているとみられる。例えば、ジャパンネット銀行では、20代から40代までの顧客が全体の66％を占めている（２０１９年３月）という。実際、「新卒の新入社員が指定する給与振込用の銀行口座は、今はほぼ１００％ネット銀行」（上場会社の経理担当者）という。

図表10　主なネット銀行の預金残高

（2019年3月末）

	口座数	預金残高
住信SBIネット銀行	354万	4兆8570億円
大和ネクスト銀行	136万	3兆6789億円
イオン銀行	656万	3兆4834億円
楽天銀行	732万	2兆8082億円
ソニー銀行	147万	2兆3589億円
オリックス銀行	25万	1兆9169億円
じぶん銀行	348万	1兆679億円
ジャパンネット銀行	407万	8038億円
セブン銀行	200万	4346億円
合計	3005万	21兆4096億円

（出所）カンパニーレポート、マリブジャパン

図表11　楽天銀行の口座数と預金量の推移

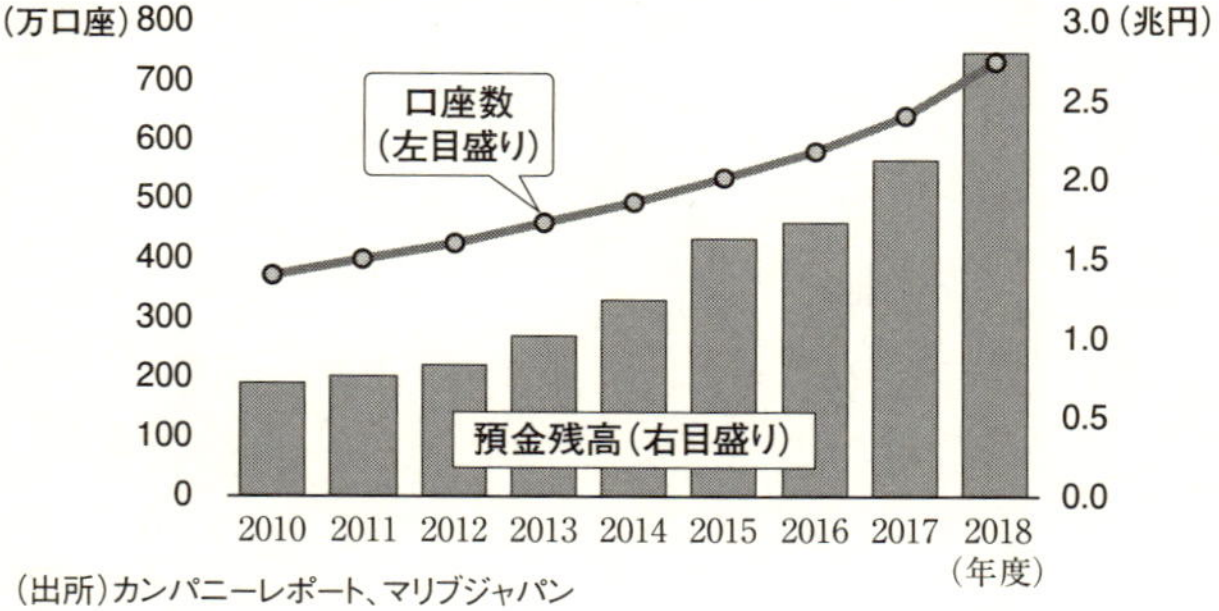

（出所）カンパニーレポート、マリブジャパン

しかし、ＬＩＮＥと組んだからといって、みずほがデジタルネイティブ世代、若年層を取り込めるのかは不透明だ。彼ら彼女たちの思考は合理的であり、便利なら使う、安いなら使う、トレンドとして使う。そこに愛着や忠誠心というものはない。

ましてや、現時点では、デジタルネイティブ世代の多くは、富裕層ではない、資産新規層や資産形成層が中心のいわゆるマスリテール層で、大きな収益を生む顧客層ではない。20代、30代の彼ら彼女らを摑まえても、この先数十年間、継続して優良顧客であり続け、みずほに収益を落としてくれる保証は全くない。これは他のメガバンクや地方銀行の若年層取り込み策や、デジタルネイティブ世代へのマーケティング対応にもいえる話だ。

今回の提携により、みずほはＬＩＮＥに「庇《ひさし》を貸して母屋を取られる」結果になりかねない、との懸念もある。それでも、何もしないでデジタル・プラットフォーマーに市場を席巻されるよりは、メリットの方が大きいと判断したであろうみずほの決断が、現在の銀行の置かれた立場を表している。

みずほが提携に踏み切った背景には、実はもう一つ事情がある。

みずほＦＧは２０１８年6月から19年7月まで1年をかけて、世界最大級のシステム統合に取り組んできた。「ＡＴＭなどオンラインサービス停止のお知らせ」をテレビＣＭや新聞広告などで目にしたことがあるはずだ。7月16日には、システム統合がすべて完了した旨の発表があった。

みずほ発足以来、併用してきた旧みずほ銀行、旧みずほコーポレート銀行、みずほ信託銀行の3つの勘定系システムを段階的に一元化し、みずほ銀行とみずほ信託銀行の入出金や口座管理を担う新たな勘定系システムを導入するという、複雑かつ大規模なプロジェクトだった。

2002年4月のみずほ銀行開業初日のシステム障害、2011年3月の東日本大震災直後のシステム障害と、過去2回もシステム障害を起こしているみずほには失敗は許されない。1年がかりの本プロジェクトは、顧客に不便を強いることとなった。

それでも預金や融資、決済を担う今回のシステム統合は、みずほにとって、今後、先進的な金融商品やサービスを柔軟に投入するには欠かせないとの判断だった。

しかし、デジタル化により日進月歩で進む金融サービスのシステム構築においても、組織の枠組みを超えた技術やサービスの結集を図るオープンイノベーションや、ネットワーク上でユーザーにサービス提供するクラウドによる手法が席巻しつつある。

これらは、自前で巨額のシステム構築を行うよりも、機動性と汎用性とコストに優れるとされており、今さら自前で巨額のシステム投資を行うのは割に合わない。このことは他のメガバンクや地方銀行にもいえることだ。

実際、みずほでは、今回の勘定系システムに関わる開発費用4600億円相当を2019年3月期に前倒しで減損処理しており、大幅な減益の主因となった。

個人向けも法人向けも、銀行ビジネスはスマホが主戦場となるなか、本来、みずほもネット銀行やスマホ証券を自前で開発し設立する選択もあった。しかし、莫大な資金と人的資源を投じ、失敗が許されないシステム統合が重石になった。そこでLINEと組む選択をしたという側面もあったといえる。

メガバンクがデジタル・プラットフォーマーの下請けとなる日

LINE銀行設立発表により、デジタル・プラットフォーマーによる既存の銀行への攻勢が現実のものとなった。

メガバンクはじめ既存の銀行は、余剰店舗と余剰人員を抱えた中での競合となり、圧倒的に不利な形勢だ。このため、メガバンクから地方銀行まで、多くの銀行が店舗統廃合や人員削減を進めている。三菱UFJ銀行では、2023度末までに約500店舗のうち35

%を削減、みずほFGでは「はじめに」で触れたように、2026年度までに1万9000人を削減するといった具合だ。人口減少と低金利政策への対応策としてはこれで間に合うのかもしれない。しかし、デジタル・プラットフォーマーによる金融業務への進出という要因を考えた場合、これら既存の銀行のリストラ計画のペースはゆるやかで、現在からの延長線上の生ぬるいものだ。

銀行業務がスマホやネットで完結する時代。この先、デジタル・プラットフォーマーやスマホ銀行・スマホ証券の存在感が増幅するなか、メガバンクといえども単独で対抗していくのは困難な情勢だ。彼ら新興勢力には基本、店舗がなく、余剰人員もない。テクノロジーや顧客基盤以上に実はそこが最大の強みだ。「銀商問題」がクローズアップされているように、決済や送金、顧客情報によるデータビジネスの部分では儲からなくても、通販や広告や通信など本業で稼ぐことができるデジタル・プラットフォーマーは、圧倒的に有利だ。

アマゾンやアップルといったデジタル・プラットフォーマーの本家本元のGAFAも、虎視眈々《たんたん》と銀行業務参入を狙っている。

一方で、メガバンクには、信用力とブランド力が残されているものの、次節で述べるキャッシュレス化の進展に伴うＱＲコード決済やデジタル通貨での規格統一の遅れや、給与の電子マネー払いの解禁など、逆風は続いている。

例えば、ＭＵＦＧでは、スマホアプリの機能充実、住宅ローン申込みのデジタル化、デジタル通貨「ｃｏｉｎ」（旧ＭＵＦＧコイン）の開発などに加え、フィンテック子会社「ジャパン・デジタル・デザイン」を設立している。さらに、米アカマイ社と合弁でキャッシュレス決済におけるプロセシング業務（会員・加盟店管理業務）に参入し、高速決済基盤の構築を目指すなど、メガバンクのなかでもみずほＦＧと同様にデジタル化戦略に積極的ながら、どれもまだ大きな成果は上げていない。独自・独力で、巨大なデジタル・プラットフォーマーなど異業種と対峙できるのか、正念場を迎えている。

一方で、ＭＵＦＧでは、みずほのシステム自前構築とは対照的に、これまで自前で開発してきた勘定系など基幹システムの半数を、コスト削減やセキュリティーの観点から、デジタル・プラットフォーマーの一角であるアマゾンの汎用クラウドのＡＷＳ（アマゾン・ウェブ・サービス）に置き換える動きも進めている。

メガバンクや既存の銀行は、みずほとＬＩＮＥのようにデジタル・プラットフォーマーの台頭を受け入れて協調する路線を選ぶのか、それとも対抗するのか、岐路に立たされている。

中途半端なままでは、メガバンクの持つ銀行ノウハウや信用力を上手く利用されながらも力が削がれていき、デジタル・プラットフォーマーの下請けとなってしまう日もそう遠くはないだろう。

ネット証券との提携という禁じ手

銀行のビジネスにおいて、国内の法人向け貸出は、前述のように今後も大きな成長は期待できない。一方で、公的年金制度の疲弊などもあり、人生100年時代、個人の資産運用ニーズは高まっている。

このため、既存の銀行も、個人への金融商品販売による手数料収入の確保に努めている。メガバンクはグループ内に三菱UFJモルガン・スタンレー証券、みずほ証券、SMBC日興証券といった大手証券会社を持ち、地方銀行も横浜銀行や千葉銀行など上位行を中心に、設立予定も含めれば27行が証券子会社を有している。銀行は、証券会社を持つことで、顧客と収益基盤の銀行グループ外への流出も防いでいる。

一方で、自前の証券子会社を持たない選択もある。ネット証券やスマホ証券と提携して資産運用ビジネス強化を目指す形だ。地方銀行の中位行や下位行にとって、証券子会社の設立コスト、店舗や人員の維持コストは重荷だ。それに対して、ネット証券との提携では、ネット証券のシステムを活用するため設立・維持コストを抑えられる。また、自社や系列グループにとらわれることなく、顧客ニーズに合った運用商品を提供していくオープンアーキテクチュアのため、商品ラインナップも証券子会社に比べて圧倒的に多く、柔軟な販売体制を構築できる。

例えば、清水銀行は、SBI証券と提携しており、清水銀行の顧客はウェブサイトを経由してSBI証券の証券総合口座を開設し、SBI証券が取り扱う国内外の株式、投資信託や仕組債といったあらゆる金融商品やサービスを利用できる。

清水銀行は、自前の受発注システムを持たずにシステムコストや人件費を抑制しながら、顧客に多様な金融商品の提供が可能だ。さらに、清水銀行とSBIマネープラザ（SBI証券の子会社）は、2017年10月から、静岡県浜松市の共同店舗で、証券・保険などの金融商品を対面で顧客に提供している。

SBI証券は、清水銀行との提携を皮切りに、愛媛銀行、京葉銀行、筑邦銀行、きらぼし銀行など地方銀行を中心に、34の地域金融機関と金融商品仲介業サービスで提携している（2019年5月末）。共同店舗を含め今後も提携先を増やす予定だ。また、楽天証券で

図表12　ネット証券と地方銀行の提携
（金融商品仲介業での提携）

SBI証券

・清水銀行・愛媛銀行・京葉銀行・筑邦銀行
・きらぼし銀行・青森銀行・仙台銀行・福井銀行
・琉球銀行・佐賀共栄銀行・阿波銀行
・東和銀行・きらやか銀行・秋田銀行
・神奈川銀行・愛知銀行・福島銀行・北日本銀行
・紀陽銀行・宮崎太陽銀行・豊和銀行
・東北銀行・長野銀行・南日本銀行
・島根銀行・高知銀行・第三銀行・三重銀行 など

楽天証券

・西京銀行・紀陽銀行など

<メリット>
・子会社設立・維持コストなし
・オープンアーキテクチャー
・対面ビジネスのコスト・リスクなし

<デメリット>
・提携会社への手数料
・自主企画への制約
・顧客の外部流出の可能性

注：2019年5月末時点
注：　　は、共同店舗設置銀行
（出所）カンパニーレポート、マリブジャパン

もＩＦＡ（独立系金融アドバイザー）とも連携しながら、西京銀行、紀陽銀行と同様の提携を結んでいる（図表12）。

ネット証券との提携は、銀行がコストを抑制しながら、顧客の利便性向上を実現できるという点で優れているものの、外部提携会社への手数料、自主企画への制約、顧客の外部流出の可能性という点では、自前の証券会社を展開するよりは劣ることになる。

ユーザー目線に立てば、なぜ銀行を経由してネット証券と取引しなければならないのか、という根本的な疑問もある。

若年層や金融リテラシーの高い富裕層であればなおさらだ。企業オーナーや富裕層のなかには、資産運用取引を全て同じ銀行グループに把握されたくない、という心理的抵抗もある。「なぜ銀行経由で証券取引を主とした資産運用を行う必要があるのか？」という疑問に明確な答えがない以上、ネット証券・スマホ証券との直接取引が主流であることに変わりはなく、地方銀行などとネット証券との提携は、銀行からの顧客資金の流出を伴いながら、いずれ淘汰されることになるだろう。

スマホアプリに対して銀行員に勝ち目はあるのか

スマホの普及により、スキマ時間で簡単に投資ができるアプリが続々と登場している。現在、そのフロントランナーにいるのが、ウェルスナビだ。

ウェルスナビは、資産運用にかかわる全プロセスを自動化した。株式や債券など、価格や出来高などに応じて、自動的に売買注文やタイミング、数量を決めて発注を繰り返すアルゴリズム取引に基づいた国際分散投資を、ロボアドバイザーがすべて自動で行っている。

ユーザーは、口座開設後、6つの質問に答えることで、運用プランと最適なポートフォリオが提案され、ロボアドバイザーが自動でETF（上場投資信託）を発注する。ETFの分配金の再投資、ポートフォリオの再構成、税金の最適化も自動で行う。手数料は、預り資産の1％のみ。定額の積立投資も自動で実施できる。

ウェルスナビは現在、SBI証券、ソニー銀行、横浜銀行などと提携したサービスも展開しており、全体で預り資産1600億円超、運用者数15万人にまで拡大している（2019年7月17日）。

一方、「お金のデザイン」は、独自ブランドの「THEO（テオ）」に加え、筑波銀行、福岡銀行、武蔵野銀行、山口銀行、伊予銀行などと「THEO+（テオプラス）」を運営している。

いずれのブランドも年齢や金融資産額などに基づき、THEOが世界のETFの中から、最適プランを提示する。毎月1万円から始められ、365日24時間いつでも出金を申し込める手軽さも受け入れられ、20〜30代を中心に運用者数6万5502人（2019年1月末）のうち、20代から40代が8割を占め、このうち投資がほぼ未経験の割合は47・4%、毎月の平均積立額は2万6961円という。

また、One Tap BUYでは、1000円から株式投資を始めることが可能で、スマホからまさに簡単な操作だけで取引できる。アマゾン、アップル、スターバックスや、ソニー、トヨタ、楽天などといった米国と日本の優良銘柄を提供しており、好きな企業の株を買うことができる。

スマホで完結する資産運用サービスが、デジタルネイティブ世代を中心に浸透し拡大していけば、銀行口座からの資金流出や手数料収入減少により、既存の銀行ビジネスにとって大きなダメージになる。銀行の証券子会社だけでなく、銀行と提携するSBI証券などネット証券にとっても同様だ（次頁の図表13）。

図表13　資産運用のスマホ化の進展

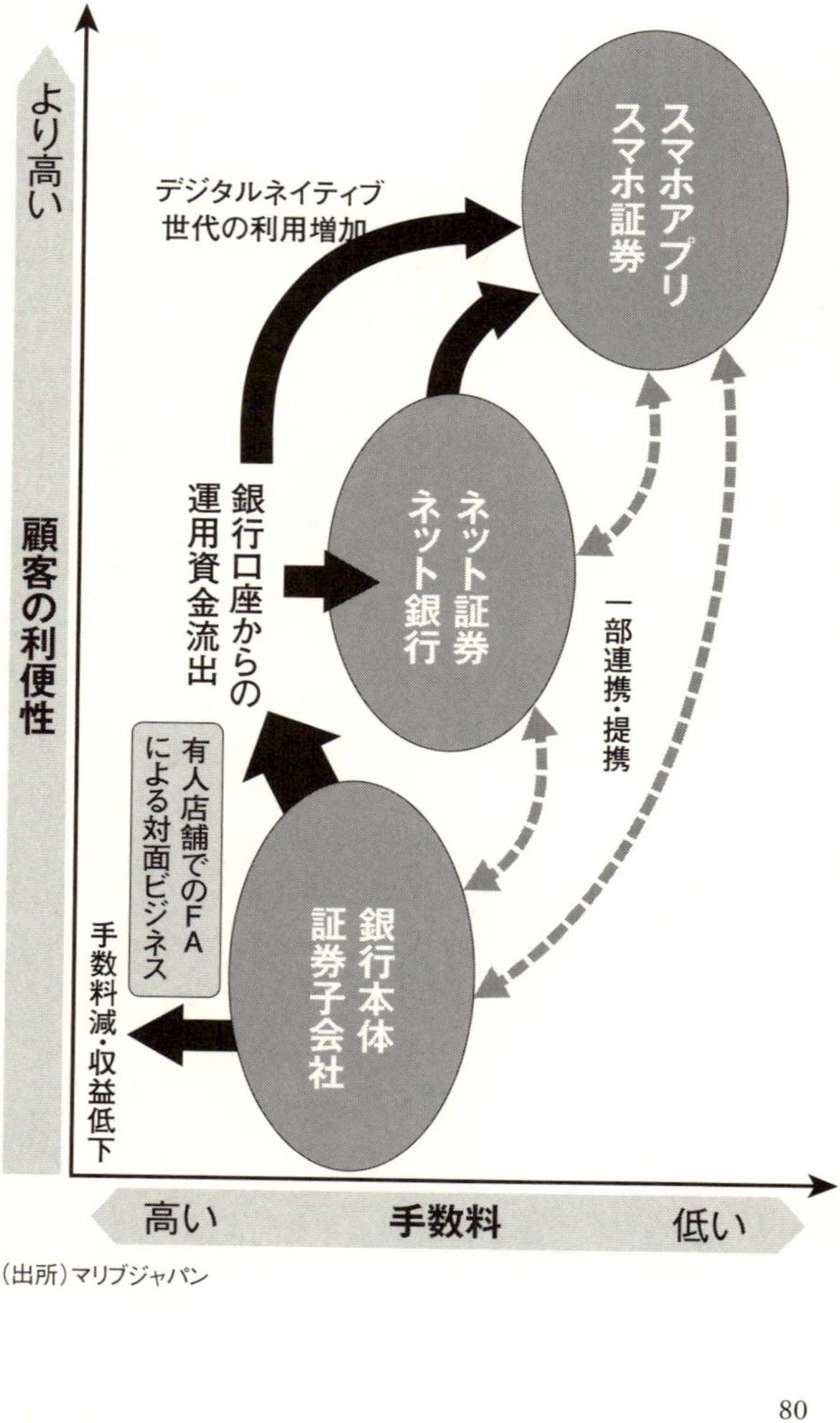

（出所）マリブジャパン

こうした動きに対抗するために、銀行も銀行口座を起点に、家計簿アプリや口座管理アプリの充実や他社との連携も行っている。前記の運用アプリにおいても、メガバンクで口座開設ができたり、地方銀行との提携など協働したりする動きはあるものの、銀行が収益の柱として注力している、有人店舗内の新装したコンサルティングラウンジで、行内研修を受けたＦＡ（フィナンシャル・アドバイザー）による金融商品販売は色あせることになる。

そもそも、ＦＡであっても株式市場などマーケットの予想をするのは困難なことだ。それならばいっそ機械で合理的に運用するのもありではないか。しかもスマホ上で手間がかからず、かつ安価にできるというのは、スマホアプリやスマホ証券の大きな強みだ。

一方で、銀行がＦＡを中心とした対面ビジネスで対抗するためには、ＦＡがマーケットを「予想」ではなく「解説」できる力を備え、金融危機や貿易摩擦などの局面でマーケットがリスクオフ（リスク回避し資産安全に向かう）となった時に迅速な対応や説明が出来るコミュニケーション力を磨くしかないが、言うは易《やす》し、行うは難《かた》しだ。

「銀行Ｐａｙ」は花盛り

メガバンクも地方銀行も、キャッシュレス化に注力している。デジタル化の進展を受けて、銀行口座を起点に、銀行自身がスマホ決済やプラットフォーム構築に乗り出している。このことで、ＡＴＭなど現金の管理・事務コスト削減効果に加え、ユーザーの利便性を高め、取引先を中心に加盟店を増やし、決済データを活用することで地域の活性化も目指している。

「銀行Ｐａｙ」は、ＧＭＯペイメントゲートウェイ（ＧＭＯ－ＰＧ）が基盤システムを提供する銀行口座と連動したスマホアプリの、ＱＲコード決済システムである。

銀行はこのシステムを導入し、「○○銀行Ｐａｙ」といった銀行名を冠した決済アプリを提供できる。他のスマホ決済との最大の違いは、銀行が発行・サービスの主体であることだ。ＧＭＯ－ＰＧはあくまで黒衣に徹している。

銀行本体が自力で加盟店などを開拓することで、決済手数料に加え、アクワイアリング（加盟店契約業務）に関わる手数料も得ることができる。また、データ活用も権利問題がクリアになれば一義的に可能となる。その分、銀行側にもより多くの経営資源と経営判断が求められることになり、単なる提携以上に、新規事業として取り組む覚悟が必要ともいえる。

「銀行Ｐａｙ」は、２０１７年７月に横浜銀行が「はまＰａｙ」で先陣を切った。横浜銀行などは、東急電鉄と連携して「はまＰａｙ」を使い、駅券売機からのキャッシュアウトサービス（口座から現金を引き出せる）も開始している。

また、ふくおかＦＧの福岡銀行、親和銀行、熊本銀行では、「ＹＯＫＡ！Ｐａｙ」を導入済みである。その他、沖縄銀行は「ＯＫＩ　Ｐａｙ」を２０１９年３月から。ほくほくフィナンシャルグループ（ほくほくＦＧ）傘下の北陸銀行と北海道銀行は、「ほくほくＰａｙ」を２０１９年上期にも導入予定である。さらに、ゆうちょ銀行でも「ゆうちょＰａｙ」が２０１９年5月からスタートしている。

「銀行Ｐａｙ」は、マルチバンク対応として銀行間の相互乗入れができるため、横浜と福岡という東西の二大地銀などに、全国ネットワークを持つゆうちょ銀行が加わることで、ＱＲコード決済における一大勢力となり得る。仮にここに、ＧＭＯ－ＰＧと次世代決済プラットフォーム事業において提携関係にあるＳＭＢＣグループが加入すれば、「銀行Ｐａｙ」は圧倒的な存在となる可能性も秘めている。

「ＪコインＰａｙ」という意志表示

一方で、みずほＦＧは、２０１９年３月にメガバンクで初めてデジタル通貨「Ｊコイ

図表14　「JコインPay」の仕組み

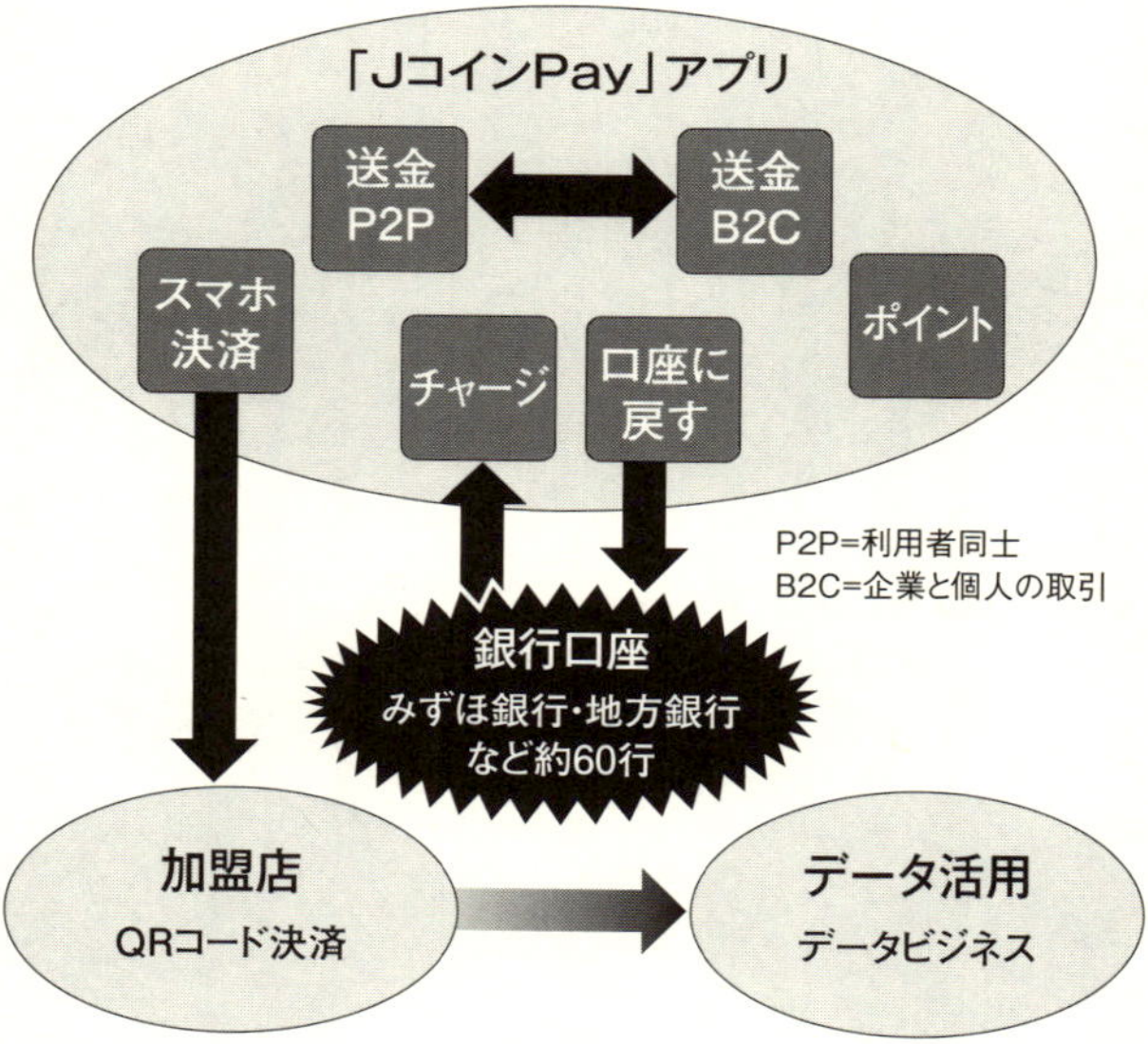

<目的>	<特徴>
・現金コスト削減	・1円=1Jコイン
・データ活用	・送金が無料
・海外勢・異業種に対抗	・入出金が無料

（出所）みずほFGの資料などを基にマリブジャパンが作成

ン」を発行し、スマホ決済「JコインPay」を始めた。「JコインPay」導入により、①現金を取り扱うコストを削減し、②データ活用と収益化、③海外勢や異業種に対抗し、銀行がキャッシュレス化で主導権を握ることを目指す（図表14）。

ユーザーは、スマホに専用アプリをダウンロードして、銀行口座からJコインの残高をチャージするほか、QRコードを使った決済やP2P（利用者同士）の送金、ポイントの獲得などが可能となる。

また、経費精算や給与支払いなどB2C（企業と個人の取引）における活用も視野に入れている。銀行口座からのチャージと口座への戻し入れ、利用者間の送金は無料だ。加盟店に対する手数料は、クレジットカードを大きく下回る水準とした。

みずほ銀行、みずほ信託銀行に加え、常陽銀行、京都銀行、広島銀行など地方銀行を中心に約60の銀行が参加。みずほ銀行は2400万口座、参加行全体では5600万口座を持つ。まずは参加金融機関70以上、ユーザー数650万人以上、加盟店30万店を目指す。

参加行は、自行の口座からのチャージを前提に、基本的には共通ブランドで同じサービスを提供する。

「Jコイン」には、海外勢や異業種に対して守勢にあったスマホ決済やキャッシュレス化において、銀行口座を起点に、100万円超の振込みや法人との接点など銀行業務や取引先基盤の強みを生かすことで、銀行のプレゼンス維持と拡大を目指している。あくまで銀行が決済を主導して担うという意志表示ともいえる。

既存業務に差し障る懸念も

なお、「Jコイン Pay」も競合他社と同じように、データ活用によりデジタルビジネスの収益化を目指すことになるが、収益をどう具現化するのかは緒についたばかりで手さぐり状態だ。ユーザーにとって、スマホによる無料または安価な送金や決済サービスは有りがたいが、裏を返せば銀行側にとっては、既存の銀行業務とのカニバリゼーション（共食い）が起こることになる。例えば、ATMや窓口などによる送金や決済の手数料が大きく減少するリスクがある。このため、銀行がデファクトスタンダード（事実上の標準）を握った後に、無料から顧客選別や有料化による収益確保に向かうということも、将来的には考えられよう。

なお、例えば、ほくほくFG傘下の北陸銀行と北海道銀行は、「銀行Pay」に加えて「Jコイン Pay」も導入するなど、両陣営とも排他的な枠組みではなく、システム上も

図表15　銀行系スマホ決済内で競合

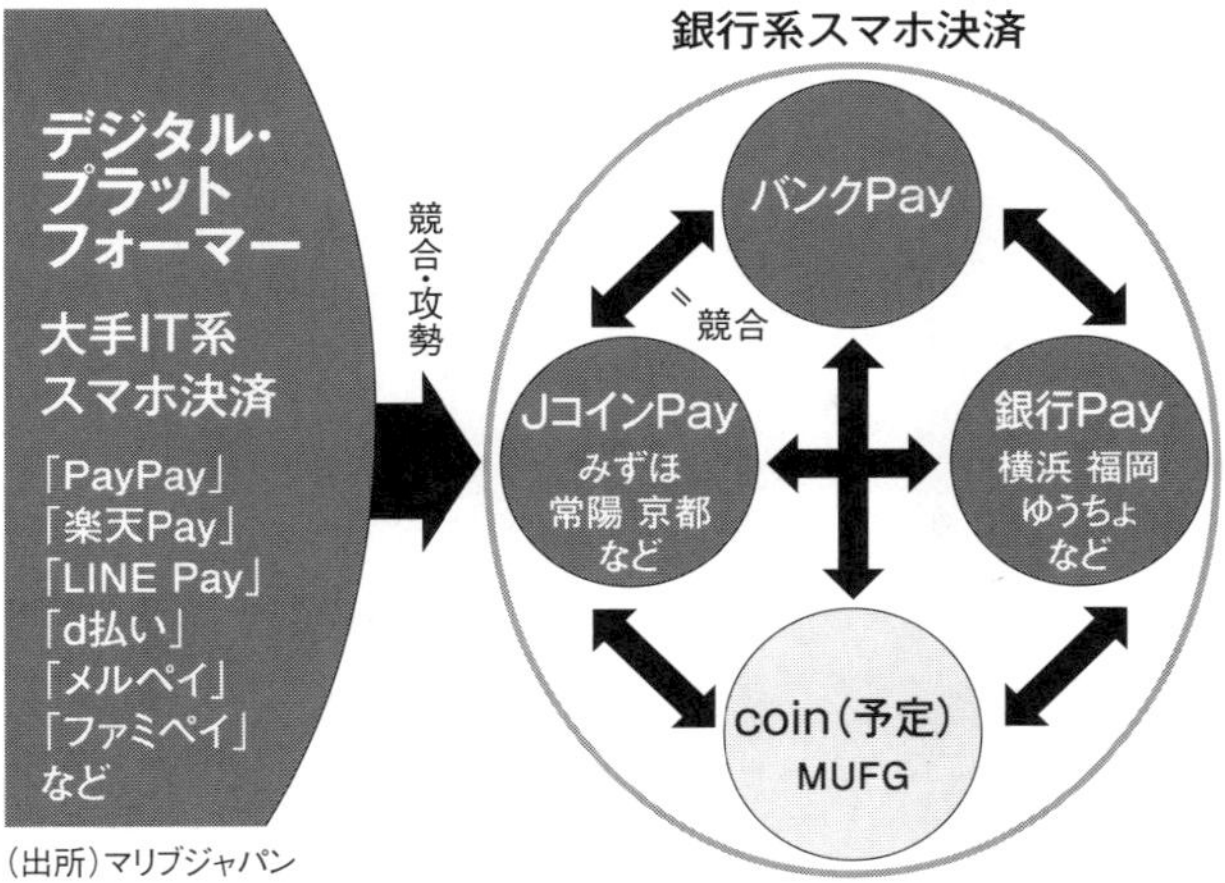

（出所）マリブジャパン

双方を統合することは可能であり、各銀行の判断次第でユーザーの選択肢はさらに広がることになる。

さらに、2019年10月には、将来的には1000以上の金融機関の参加を見込む「バンクPay」のサービスが開始される。利用者がスマホで店頭のQRコードを読み込むと、デビットカードと同様に銀行口座と直結し即時引落しとなる。

また、MUFGもデジタル通貨「coin」を開発中であり、他の金融機関など幅広い利用を想定している。

銀行系スマホ決済の運命は？

銀行口座を握り、信用力あるメガバン

クや地方銀行が発行・運営主体となる銀行系スマホ決済として、「銀行Ｐａｙ」「ＪコインＰａｙ」に加え、「バンクＰａｙ」「ｃｏｉｎ」が導入されることで、一部で相互開放など協調の動きがあるものの、四つ巴の争いも予想される（図表15）。

同じような名称で、優劣つけがたい同じようなサービス、また、メガバンクなどの主導権争いなどもあり、銀行系スマホ決済でも顧客のニーズや利便性が置き去りにされている。ユーザー目線に徹し、加盟店開拓やキャンペーン展開で先行する、楽天やソフトバンクなどデジタル・プラットフォーマーによるスマホ決済に、銀行系スマホ決済が駆逐されるのは時間の問題かもしれない。

ＱＲコード決済は流行らない

もっとも、銀行系だけでなく、大手ＩＴによるスマホ決済の代名詞となっているＱＲコード決済そのものにも課題があり、筆者は、ＱＲコード決済は流行《はや》らないとみている。

ＱＲコード決済は、利用者がスマホを使い、小売店（加盟店）の店頭でＱＲコードを読み取り、預金口座やクレジットカードなどから代金を引き落とす仕組みだ。小売店は専用端末を用意する必要がなく、小売店側にコストがかからない点が最大の利点だ。

しかし、ここで「電子マネーSuica（スイカ）じゃダメなの?」という素朴な疑問が生じる。

発行枚数7587万枚を誇るSuicaは、IC乗車券として、1枚あれば全国の主要駅の自動改札機が通れ、61万の店舗（2019年3月末）でピピッとワンタッチで読み取り機にかざすだけで瞬時に決済ができる。スマホアプリ版のモバイルSuicaもある。JR東日本が発行し運営している安心感もあり、PASMO（パスモ）とともに、特に首都圏では欠かせない社会インフラの一つとして確立されている。

Suicaに代表される電子マネーやクレジットカードなどの便利さとスピードに慣れた消費者が、いちいち店頭でスマホのアプリを立ち上げてカメラにQRコードを合わせて読み取らせ、金額を確認して決済するQRコード決済を本当に使うのだろうか?

しかも、「JPQR」がスタートするなど、規格統一への動きはあるものの、現時点でのQRコード規格は、LINE Pay、楽天Pay、d払い、PayPayなど各事業者でバラバラであり、使える店、使えない店が混在している、その都度確認しなければならない点も含め、利用者も加盟店も混乱している。

そもそも各事業者が、利用者を増やすためにキャッシュバックし、加盟店への手数料割引キャンペーンを展開していること自体が、QRコード決済にさしたる魅力がないことの裏返しでもある。

また、QRコード決済を提供する事業者は儲かっているのだろうか？　現在は、利用者や加盟店の拡大を優先としており、決済や送金手数料や加盟店手数料などは無料または大幅に引き下げられていて、各社赤字のはずだ。

本当の狙いは、顧客情報や購入履歴など蓄積されたビッグデータを活用し、データビジネスで収益を上げるのだというが、本当に可能なのだろうか。データを集めることとその分類や分析に躍起になり、肝心の活用や収益化が二の次にならないか。集めるだけなら単なるコストであり、宝の持ち腐れだ。

例えば、中国アリババのＡｌｉｐａｙでは、決済サービスは現在のところほぼ無料だ。Ａｌｉｐａｙは、取引履歴などのデータを蓄積し分析し、それを自社のネットショッピングでのターゲット広告などに利用、または他社に販売することで稼ぐというビジネスモデルだ。つまり、決済サービスは本業ではなく、そこで儲ける必要がないため、無料で提供できるのである。

我が国でいえば、楽天ｐａｙを擁する楽天のビジネスモデルが近いのかもしれないが、中国とは違い個人情報保護の観点からも、データビジネスの収益化のハードルはより高いとされている。

本来であれば、経済産業省など我が国政府は、中国はQRコード決済が主、北欧はデビットカードが主という現状に対して、それでは日本は既存の電子マネーを発展させて強化するといったことを考えるべきだ。あるいは一足飛びに、スマホすらも不要とする顔認証など生体認証での決済に集中し、世界最先端を官民で目指そう、といった政策を打ち上げるべきではないだろうか。

実は日本は「キャッシュレス先進国」

なお、経済産業省「キャッシュレス・ビジョン」(2018年4月)によると、消費支出に占めるキャッシュレス比率は、韓国の89%、中国の60%、スウェーデンの48%、米国の45%などに対し、日本は18%に留まる。

「キャッシュレス後進国」からの脱却のため、政府はこのデータに基づいて、2027年までに40%に高める目標を掲げている。その起爆剤とされるのが、QRコード決済とインバウンド需要である。

一方で、総合研究開発機構（NIRA）による、全国3000人を対象にしたインターネット調査（2018年8月実施）では、クレジットカード決済の約3割をはじめ、口座引き落としなどを含む個人消費のキャッシュレス決済比率は、51・8％に上っている。QRコード決済の是非はともかく、ほとんどの消費者が銀行口座を保有し口座振替や銀行振込を多用する日本は、実はすでにキャッシュレス先進国ともいえる。

いずれにせよ、利便性に欠けるQRコード決済が、すでに普及しているクレジットカードや電子マネーに取って代わることはないだろう。10月1日からの消費税増税に伴うポイント還元策も、むしろ混乱に拍車をかける可能性もあろう。政府が過度に関与することなく市場原理に任せ、各個人が、自身のライフスタイルやニーズに合わせて、高額の買い物はクレジットカード、公共料金は口座振替、コンビニでは現金や電子マネーといった形で使い分けていくのではないだろうか。

セブン-イレブンでは、不正アクセス被害があったスマホによるQRコード決済「7Pay（セブンペイ）」を安全性の確保が困難なことから、9月末で廃止すると発表。7月のサービス開始からわずか1か月での撤退表明という事態となった。

異業者やデジタル・プラットフォーマーによるスマホでのQRコード決済でさえ、その利便性や収益性のみならず、安全性においても多くの問題を抱えていることが改めて露呈してしまった。

そんな状況では銀行系スマホ決済が生き残るのは困難であり、利用者や加盟店の支持も得られず、いずれ自然消滅する可能性もあろう。

給与の電子マネー払いで「銀行外し」が進む

QRコード決済が普及するかどうかは別にして、キャッシュレス化そのものが進展していくのは間違いないだろう。キャッシュレス決済は、支払方法が、前払い、即時決済、後払いで分類でき、支払手段では、カードかスマホかで分類ができる。

例えば、電子マネーの場合、前払いのため、コンビニや駅での現金の入金や、クレジットカードや銀行口座からの引き落としとなる。

一方で、即時決済のデビットカードでは、銀行口座と連動する形となる。後払いのクレジットカードも同様に、銀行口座からの引き落としだ。

スマホ決済の場合、前払い、即時、後払いと決済手段を選ぶことが出来るが、いずれの場合もクレジットカード払いを含め、結局は銀行口座からの引き落としとなる。

つまり、電子マネー、クレジットカード、デビットカード、QRコード決済を含むスマホ決済といった、どのサービスを利用したとしても、結局は、決済の最終原資は、一部現金を除けば、利用者個人の銀行口座からということになる。

キャッシュレス化が進展しても、銀行は一定のプレゼンス（存在感）を示し、データビジネスへの足掛かりとすることも可能なポジションにあるといえる。

デジタル・プラットフォーマーなど異業種からの参入が相次ぎ、競争は激しいものの、最後には銀行口座を介在する限り、現金保有コストの削減にもなるキャッシュレス化は銀行にとっても決して悪い話ではない。クレジットカード会社も銀行のグループ企業である場合が多い点も連結決算上プラスだ。

なお、金融庁が公表した3メガバンクを対象に行った調査によると、個人給与口座からの出金においても、現金の引き出しは46％にとどまり、クレジットカードや家賃、公共料金、ローン返済金などが自動的に引き落とされる口座振替が32％だった。さらにインターネットバンキングやATMなどによる振り込みが22％となり、合計するとキャッシュレス比率は54％に上ることになる。

ペイメントネットワークの提供を進めている。りそなグループでは、「りそなキャッシュレス・プラットフォーム」によって決済端末を小売店に提供するなど、アクワイアリング事業（加盟店契約業務）に参入している。

キャッシュレス決済における、①イシュイング（カード発行業務）、②プロセシング（会員・加盟店管理業務）、③アクワイアリング、の各分野にメガバンクをはじめ銀行が進出するということは、それだけ、異業種による銀行口座の中抜きやキャッシュレス化の進展に危機感があり、本丸中の本丸を攻められる、という意識があることの裏返しといえよう。

いずれにせよ、電子マネーでの給与受け取りが可能になれば、預貯金や口座振替などに振り分ける分は銀行口座で受け取り、残りは、電子マネーの決済アプリで受け取る、というように給与の受け取り方法を使い分ける利用者も出てくるだろう。

こうしたおカネの流れの変化によってATMの利用が減少すれば、銀行は現金管理のコストを抑制できるメリットがある。

かたや、銀行口座なしに給与を受け取り、決済したり送金したり出来るようになるということは、銀行口座の存在感が相対的に薄らぐことになる。個人の給与振込み口座を押さえることで、住宅ローンや資産運用の提案につなげてきたこれまでのビジネスモデルも大きく揺らぐことになる。

送金業務の独占も崩れる

かつて送金業務は銀行が独占してきたが、2010年施行の資金決済法により、少額の送金（1回当たり100万円が上限）を資金移動業者に解禁した。スマホ決済での送金も基本的にこの範疇《はんちゅう》での利用となり、個人の利用がその中心だ。

政府は現在、100万円を超える送金を認める新たな業態を規制緩和の対象として検討しており、2020年にも法案を提出する方針だ。これが認められれば、商品仕入れなど企業間の決済・送金業務への決済ベンチャー企業の参入や、スマホ決済の活用も広がるだろう。送金業務の規制緩和に対して、銀行は使い勝手の良さで対抗する必要に迫られている。みずほFGでは、Jコインでの給与支払いや企業の経費精算での利用も視野に入れてはいる。

デジタル・プラットフォーマーなど新規参入企業は、振込みや送金の手数料を低く設定してシェアを奪いに来ると考えられる。銀行も、振込み手数料の引き下げなどでそれに応じざるを得なくなるだろう。

デジタル・プラットフォーマーが既存銀行の領域を侵し、最終的に銀行は、各種振込み手数料（企業が個人に給与を振り込む手数料、または企業や個人が決済や送金する手数料）の収益機会を失うことになるだろう。

融資・決済・送金、そして銀行口座という銀行の基幹ビジネスとツールが、デジタル化の進展と規制緩和によってなし崩しとなっている。銀行は、利用者目線のサービスをこれまで以上に安価で提供しなければ、その存在感はますます低下し、このままでは忘れ去られた存在となる日も近いのではないだろうか。

（2）銀行員・店舗・銀行が消滅する日

すでに95％の店舗が赤字？

先日、あるメガバンクを早期退職し、東京・神楽坂界隈で隠れ家バーの雇われマスターをやっている同窓生と再会した。ダンディで華やかなイメージがあり、芸能人の噂話や武勇伝でもと聞いてみると、「いやー、そんなかっこいい職業ではないよ」と言う。

「当たり前だが、お客さんが来てくれて成り立つ商売だから、実際は毎日毎日エクセルに向かって、坪当りの客の回転率や客単価の計算をするばかり。経費率向上のため、原酒の仕入れ先を開拓したり、おつまみをアーモンドから柿ピーなど少し安いモノに変えたり……」

浮ついた話を期待していた筆者は、自身の薄っぺらさを少し恥じた。同窓生の顔は、まさに「経営者の顔」だった。

銀行店舗への来店客数が減り、店舗統廃合が全国で進んでいる。そこでふと疑問が浮かんだ。そもそも銀行の支店長は、来店客数や来店客単価、回転率や利益率、支店行員1人当たりの売上や経費率などといった店舗の収支を、日々把握できているのだろうか？

件《くだん》のバーのマスター曰く「銀行員の時は、取引先の財務分析ならともかく、自分の支店の経費率や客単価、回転率なんて考えたことも、計算したこともなかったな」。

たしかに、今月の新規貸出先目標や、コンサルティング件数の目標はあるものの、その店舗が本当に独立採算で成り立っているのか、という計算はなされていない。というよりも把握出来ていないのではないだろうか。

いや銀行の本部には資料があり、把握していますよ、という反論も出てこよう。筆者も実際に、いくつかの銀行で内部資料一覧を開示してもらったことがあるのでそれは確かだ。

しかし多くの銀行では、現場の各支店長は正確に把握していないのではないだろうか。「店舗の資産査定の厳格化」を行内で行い、まずは行内で開示し、少なくとも現場の支店長とは危機意識を共有すべきだろう。

実際に確認したものも含め、筆者の推計では、仮に全体で100店舗ある銀行の場合、黒字店舗は本店と一部基幹店をあわせ5店舗ほどであろう。つまり、現時点でもすでに95%の店舗が赤字の可能性があるということだ。

実務上、店舗別の収支計算には、大企業向け貸出や共有システム費用などを、どう各店舗に配分するのかといった問題もあろう。実際、前記の黒字店舗である本店と基幹店5店舗も結局は、東証一部上場企業など大企業向け貸出を多く抱えていることが、黒字化に寄与する結果となっている。無論、厳密な正確性を求めているわけではないから、管理会計上の仮の数値で十分だ。本部で把握している数値があるのであれば、まずはぜひ、行内の各支店長に包み隠さず開示したい。その多くが赤字店舗のはずだ。そして、その現状を知ることが、店舗改革のスタートラインのはずだ。

慢性的に赤字が続いているならば、店舗に対するテコ入れや統廃合を考えるのは経営者として自然なことであろう。実際、ファストフード店やコンビニエンスストア、ファミリーレストラン、エステ、理美容チェーン、学習塾、ドラッグストア、アパレルなどフランチャイズ展開をしているような店舗から、商店街の自営店まで、どの店舗も常に原価計算と回転率を考え、競争にさらされ、赤字が続く場合は撤退や廃店となるはずだ。銀行の店舗も例外ではない。

減損処理の実施が招くこととは？

銀行の店舗の問題は、デジタル化と顧客離反だけではない。採算割れという問題もあり、ここでも3重苦だ。店舗の資産査定の厳格化により、MUFG、みずほFG、福島銀行、阿波銀行、島根銀行など多くの銀行で、店舗における減損処理が実施されている。

こうした銀行店舗の減損処理の仕組みはこうだ。人口減少や低金利政策で、収益性が下がっている銀行の店舗を収益還元法などで査定し、価値が目減りし回復見込みがない場合、売却した場合の時価に関係なく、一定割合の価値の目減りを損失計上するものだ。

店舗統廃合の結果、減損処理が発生することで、赤字決算や自己資本の低下を招くだけでなく、スマホ化や顧客離反を招くことで、さらなる店舗統廃合を招き、最終的には、銀行の再編や統廃合に繋がることになる（図表17）。

図表17　減損処理が招く負の構造

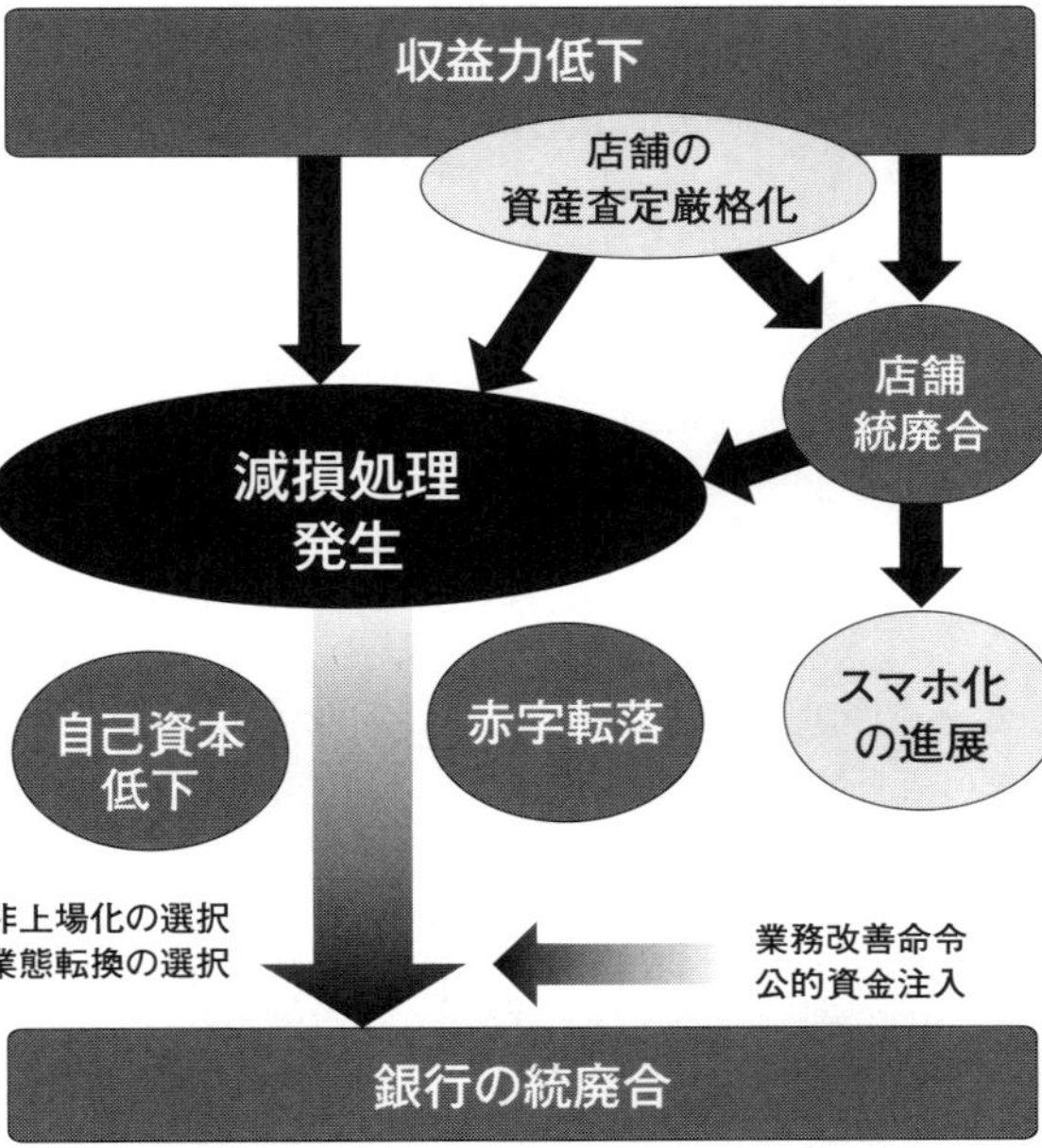

（出所）マリブジャパン

福島銀行は、収益性で店舗の資産価値を試算し直したところ、バランスシート上の資産額を大きく下回る12支店の土地・建物の価値を、固定資産の減損損失として5億円を特別損失に計上した。この結果、2018年3月期決算で7期ぶりの最終赤字に転落し、金融庁より業務改善命令を受けている。2019年3月期は5億円の黒字に転換したものの、総資金利ざやはマイナス0・09%と逆ざやであり、2020年3月期は減収減益予想である。

島根銀行は、コア業務純益が2期連続の赤字を受けて、33店舗中10店舗の土地・建物の減損処理を実施。その後、3支店を出張所に変更し、5つの出張所を統合するなど合計8店舗を統廃合すると発表した。

しかし、2019年3月期も総資金利ざやがマイナス0・06%と逆ざやであり、コア業務純益は3期連続の赤字が続いている。

2006年3月期に強制適用された固定資産の減損処理は、他の業界も直撃した。銀行と同じように構造不況に陥っている百貨店では、三越伊勢丹ホールディングスが、地方店など収益力が下がった店舗の減損損失を主因に、8年ぶりの赤字に転落している（2017年度）。

銀行にとって、①来店客の減少、②スマホ化やコンビニＡＴＭへの転換、③訪問営業への注力、④省力化の実現、といった観点からも店舗の役割は縮小しており、時価評価以上の減損処理が必要となるのであれば、撤去費用を勘案してでも、早く店舗閉鎖を進めておこうというインセンティブ（誘因）が働くことになる。

結果的に、店舗統廃合は加速し、同時に減損処理も進むことになる。仮にその結果、赤字決算となり自己資本が毀損すれば、負の遺産を解消する前提や一定の条件のもと、公的資金注入といった選択肢や銀行の統廃合につながる可能性もある。

本店・本部の新築ラッシュは大疑問

このように厳しい状況であるにもかかわらず、銀行の店舗統廃合に関連してもう一つ、気になることがある。次頁の図表18にあるように、地方銀行を中心に銀行の本店新築ラッシュが続いているという現状だ。新築すれば、建築費に加え、建物の減価償却費も新たな銀行の負担となる。

メガバンクでは、みずほＦＧが、２０２０年度に丸の内に出来る新装ビルに、銀行、信託、証券の本社機能と営業機能の集約再編を進めるという。

店舗の統廃合が急ピッチで進み、店舗の減損処理も行われているなか、本店・本部の新築とは驚くばかりだ。そもそも銀行全体が赤字体質とみなされて、業績の改善が見込まれなければ、店舗だけでなく、本店やシステムセンターや研修施設など共用施設も減損対象となるはずだ。

無論、老朽化や、耐震対策、防災拠点化、本部機能の集約、働きやすさや顧客利便性の

図表18　本店・本部の新築ラッシュ

- 肥後銀行（2015/5）
- 京葉銀行（千葉みなと本部）（2015/5）
- 富山第一銀行（2015/6）
- 徳島銀行（2015/7）
- 沖縄海邦銀行（2015/12）
- 百五銀行（2016/1）
- 静岡銀行（しずぎん本部タワー）（2016/3）
- 島根銀行（2017/2）
- 荘内銀行（2017/7）
- 東京都民銀行（2017/9）
- 大光銀行（2018/12）
- 香川銀行（2019/10）予定
- 鹿児島銀行（2019/10）予定
- 富山銀行（2019/11）予定
- 阿波銀行（2019/12）予定
- 千葉銀行（2020/9）予定
- 福井銀行（2020/12）予定
- 広島銀行（2021/1）予定
- 武蔵野銀行（2021/秋）予定
- 琉球銀行（2023/12）予定

（出所）カンパニーレポート、マリブジャパン

改善、地域の賑わい創出や市街地活性化など、本店・本部の新築には理由が色々とあるのは分かるが、やはり腑に落ちない。

これらの銀行は、従来型の巨大な新築本店がなぜ必要なのか問われるべきであり、株主や顧客に対して十分に説明する責任がある。デジタル化が進展するなかでの新築ラッシュには疑問符を付けざるを得ない。

そもそも「本部はコストセンター」である。総合企画部も人事部も総務部も、そして営業推進部さえもが直接的には収益を生まない、裏方の存在であるはずだ。逆に言えば、本部組織をスリム化・効率化することで、収益を向上させることもできる。

例えば、本部に勤務する銀行員の給与水準は、基本的に支店営業職の7割としたり、本部の業務こそAI化したりと、最小規模にするべきであり、事務・システムセンターとしての役割をより明確化することなどが必要ではないだろうか。

昼休み制導入で、ますます遠のく顧客

さて、例えば会社員の方なら、「今日のランチはどこにしよう」と通勤中や外出中に考えるのは楽しみのひとつだろう。数ある候補のなかで、今日のランチは洋食屋さん。暑い

中歩いていくと、まさかの「本日休み」の表示を見て、がっかりしたことがないだろうか。同じことが、銀行の店舗でも起こっている。

銀行では、平日に有人店舗の窓口業務を一時休止とする「昼休み導入」や、平日を丸一日休業とする動きなどが広がっている。

背景には、銀行店舗への来店客数の減少がある。昼休み制導入や平日休業により、人件費を含め店舗運営コストを削減しながらも、店舗ネットワークは維持したいという銀行による苦肉の策だ。

実際、平日の昼休み導入例は、2017年1月の伊予銀行を皮切りに、北海道銀行、みちのく銀行、東北銀行、東邦銀行、群馬銀行、北陸銀行、富山第一銀行、名古屋銀行、山陰合同銀行、佐賀銀行、肥後銀行などがある。主に過疎地などを抱える地方銀行で実施され、信用金庫からメガバンクに至るまで、拡大中である。正午前後の1時間程度を昼休みとするケースが多い。2016年の銀行法施行規則改正に伴い、午前9時から午後3時と定められていた営業時間を弾力的に運用できるようになった。

さらに、平日をまるまる休業するという銀行も現れた。りそな銀行では、あきる野支店五日市出張所（東京都あきる野市）を、2018年8月から毎週水曜日を定休日とし、週

図表19　銀行都合優先が顧客流出を招く

（出所）マリブジャパン

4日営業に変更した。平日休業とするのは、支店や出張所を統廃合することなく維持することが目的だ。

　こうした動きは、銀行の店舗政策の大きな転換・逆戻りを意味しよう。

　これまでは顧客ニーズに応えるために、全ての業務を取り扱うフルバンキング店舗を基本とし、夕方の営業時間の延長や土日営業、証券子会社との共同店舗などを進めてきた。しかし、前述した昼休み導入や平日休業は、店舗ネットワークの維持という大義名分はあるものの、コスト削減や人材融通という点で、銀行都合優先の施策ともいえる（図表19）。

　だが、こうした平日休業や昼休みは、過渡期での施策に過ぎず、コスト削減効果も思ったほどは得られない。スマホ化、訪問営業、店舗統廃合といった抜本的な対応や対策を決断しなければならない日はそう遠くないはずだ。

「地域や顧客ニーズによって店舗運営を変える」というのは、聞こえはいい。しかし、最寄りの店舗は水曜休みで、隣の店舗は昼休みがあり、勤務先近くの店舗は夕方7時まで営業となれば、きわめて分かりにくく顧客の混乱を招くのではないか。

さらに、最寄りの店舗はフルラインだが、隣の店舗は個人業務のみ、通勤途中の店舗は投資信託だけの取り扱いなどと、取扱商品やサービスが異なると、もはやその組み合わせは無数になる。休みの日も営業時間もバラバラ、取扱商品もバラバラの銀行店舗は、果たして顧客ニーズのためといえるのだろうか。

どうしても店舗維持にこだわるのであれば、相当程度の店舗統廃合を前提に、全ての店舗で週7日営業や夕方営業などフルバンキング業務を伴う一律の店舗ネットワークを構築するという逆の選択も出てきてもいいのではないだろうか。

もっとも、週7日いつでも開いている、という店舗を突きつめると、今のところ365日24時間オープンのコンビニATMには敵《かな》わなくなる。

さらに、コンビニに行くのさえ面倒だと思う層には、いつでもどこでも自分の都合で選択できるネットやスマホのアプリが終着点となるはずだ。

平日休業や昼休み導入の動きは、しばらく続くだろう。しかし、根本的な顧客のニーズに応えなければ、来店客の減少は続き、スマホ化や店舗統廃合の動きを止めることは出来ない。

次世代型店舗は何を目指すか

繰り返しになるが、銀行の有人店舗が岐路に立たされている。デジタル化の進展に人口減少、ライフスタイルの変化によって、過疎地だけでなく都市部の有人店舗でも来店客が急速に減っている。

メガバンクも地方銀行も、店舗機能の見直しや店舗削減を進めている。従来型のフルバンキング店舗を基本としながら、省スペース・少人数の軽量店舗や空中店舗（路面店でなく、ビル内の店舗）、セルフ型店舗、ブランチ・インブランチ（店舗内店舗）の導入も進めている。

ＳＭＢＣでは、次世代型店舗として、銀座支店、中野坂上支店などを展開する。資産運用相談などを行う軽量型店舗は、麻布十番支店、汐留出張所。グループのＳＭＢＣ日興証券とＳＭＢＣ信託銀行との共同店舗としては、赤坂支店、新宿支店など23店舗を展開している（2019年3月）。

SMBCでは、特に、ペーパーレスや印鑑レスなどデジタル化された次世代型店舗の導入を進めており、2019年度までに全430店舗で導入が完了する予定だ。その象徴がGINZA SIX（ギンザシックス）にある銀座支店。白を基調にした近未来的な内装はインパクトがあり、業界関係者とみられる訪問は多いものの、閑散としている日もあり、実際に資産運用での成約などでどれだけ収益貢献していくのか、これからが勝負だ。

MUFGでは、次世代型店舗として、MUFG NEXTがある。また相談型店舗として同じ名前のMUFG NEXT〈コンサルティング・オフィス〉があり、グループ共同店舗ではMUFG PLAZAを展開している。

店舗数自体は、フルバンキングタイプの店舗を中心に、約500店舗のうち、2023年度までに2017年度比で35%を削減する計画だ。

りそなグループの軽量型店舗である年中無休の相談特化型店舗セブンデイズプラザは、新宿や上野、阪急梅田など主要ターミナル駅近くに展開しており、2019年度内に32拠点にまで増やしていく計画だ。

東京スター銀行の軽量型店舗であるアドバイザリープラザは、都内の代々木上原、南砂町、三軒茶屋、浜田山に展開し、約20坪のコンパクトサイズながら、個別ブース・相談カウンターを複数設置。現金取り扱いなし、土日もオープン。３人程度の運営体制ながら、テレビ会議システムの設置により、ローンや保険、相続など専門スタッフへ直接相談可能となっている。

他にも、ペーパーレス化、事務集中化による生産性向上と顧客利便性確保を両立する、次世代型店舗の導入が増えている。

例えば、２０１７年12月に新装開店した京葉銀行のこてはし台支店は、ＩＴを活用した次世代型店舗の先駆けとして、印鑑レスやペーパーレスを実現している。①認証ボックスでは、指静脈認証ＩＣキャッシュカードで本人の意思確認を実施するため、伝票等への印鑑の押印が不要に。②タブレットによる保険・投資信託手続きでは、申し込みから契約までを画面上での確認と電子サインで手続き完了。③全自動貸金庫では、指静脈認証ＩＣキャッシュカードで入室が可能。④リモートテラーシステムでは、モニターを通して本部相談員と直接面談し、相続相談や専門性の高いコンサルティング業務を実施。

これら次世代型店舗はＩＴの積極的な活用による業務の効率化を図り、手続きにかかる時間や負担を軽減することで、顧客に対して質の高い相談・コンサルティングを提供している。

銀行は、出来れば行きたくない場所

このように多くの銀行が次世代型店舗を導入する一方、店舗ネットワークの維持を諦め、店舗統廃合を進めている。しかし、その計画ペースはスマホ化やデジタル・プラットフォーマーの台頭を計算に入れていない生ぬるいものだ。

銀行自身もネットバンキングやスマホアプリの充実を進めている。しかし一方で、店舗がなく余剰人員もいないネット銀行やネット証券に加え、デジタル・プラットフォーマーも、決済や送金、資産運用などを中心に、低い手数料や利便性を武器に急速に既存銀行の領域を侵しつつある。

このままでは、銀行店舗の極限までの統廃合は避けられない。

現在各銀行が進めている、次世代型店舗、軽量店舗、セルフ店舗などは、残念ながら、いずれ行き詰まり全滅するだろう。なぜか。

そもそも顧客にとって銀行店舗は「出来れば行きたくない」場所だからだ。「出来るだけ早く面倒な用事を済ませたい」場所なのだ。

顧客には敷居が高かったり、融資を断られたなど過去のトラウマがあったりする。窓口を訪れてもATMに誘導され、ネットバンキングを奨励されてきた。今さら、「店舗にいらしてください」「相談してください」といわれても、疑心暗鬼になる顧客が多いだろう。

いくら店舗を小奇麗かつスタイリッシュに改装し、ラウンジを設け、相談に乗りますよ、コンサルティングしますよ、といっても手遅れではないか。相変わらずの横並び意識から か、銀行による店舗統廃合やチャネル戦略自体が目的化しているケースが散見されるのも気になる。店舗統廃合後の具体的コスト削減効果を示すべきだ。

ペーパーレス、印鑑レス、といったAI化、自動化も、顧客の利便性のためというよりも、銀行員の作業合理化のためだ。銀行店舗におけるデジタル化による効果は大きく2つに分けられる。①銀行員の業務削減効果と、②顧客の利便性向上だ。

例えば、次世代型店舗におけるペーパーレス化、印鑑レス化のほかに、タブレットによるローンや金融商品契約、テレビ電話による本部専門家との面談などがある。これらは、銀行員の業務削減効果にはなるが、果たして顧客サービス向上に役立っているのだろうか? 銀行員の業務削減効果が、顧客の利便性向上につながっているとは到底思えない。単なる銀行都合なのに、その理由を顧客利便性に置き換えないでほしい。

複数の銀行の共同店舗といった施策も、やはり銀行の都合であり、顧客ニーズによるものではない。したがってこれも機能しないだろう。

ましてや、スマホやネットがある。時間もストレスもフリーで、送金など多くの作業がすでに可能で、コンビニATMもあるなかで、なぜわざわざ銀行店舗に行く必要があるのだろうか。顧客にとって、デジタル化の最大の利点は、「出来れば行きたくない」店舗へ足を運ばないですむことではないだろうか。

スマホ化で、中途半端な店舗は全滅する

より根深い問題として、銀行には「欲しい商品やサービスがない」という事実も見逃せない。銀行側にも言い分はあろう。しかし、第1章で述べたように低金利政策や規制、過疎・人口減少を言い訳にしないことだ。

是非やリスクがあるのは無論ではあるが、仮想通貨、不動産投資、FX、仕組債など金融商品や投資へのニーズは盛況だ。実際、週末のこうした金融商品のセミナーには老若男女問わず多くが参加する。休日であるにもかかわらず、しかも場合によっては有料なのにセミナーや勉強会に熱心に参加しているのだ。

銀行の近未来店舗のイメージはこうだ。大多数の個人・法人顧客は、スマホによって決済・送金・融資など全ての作業を完結することになる。現金の入出金に関してもキャッスレス化の進展により、コンビニATMを含めその役割は縮小していくだろう。

MUFGの店舗削減は前述のとおりだが、みずほFGでも2024年度までに、国内約500拠点のうち、130拠点を削減するという。かなり大胆な施策ではあるが、もはや銀行店舗の削減は、300店舗を200店舗にとか、4割削減とかそんな中途半端なレベルの話ではすまない。しがらみなくゼロベースで合理的に考えた場合、スマホアプリで十分のはずだ。

店舗統廃合のメインシナリオは、スマホ・ネットへの移行だ。スマホアプリとコンビニATMで銀行取引が完結するのに、客がわざわざ店舗まで足を運ぶとは思えない。「出来れば行きたくない場所」という顧客の本音や、「欲しい商品やサービスがない」という根本的な問題に向き合わなければ、あらゆる店舗政策は中途半端となってしまい、顧客の離反から、来店客の減少が続く。銀行は、店舗ネットワークの維持に固執することで、営業時間の短縮→店舗機能の縮小→店舗の魅力低下→店舗の収益力低下→さらなる来店客の減少――という悪循環に陥る。それとともに、減損処理の発生による店舗の統廃合も一

図表20　デジタル化進展による銀行店舗の運命

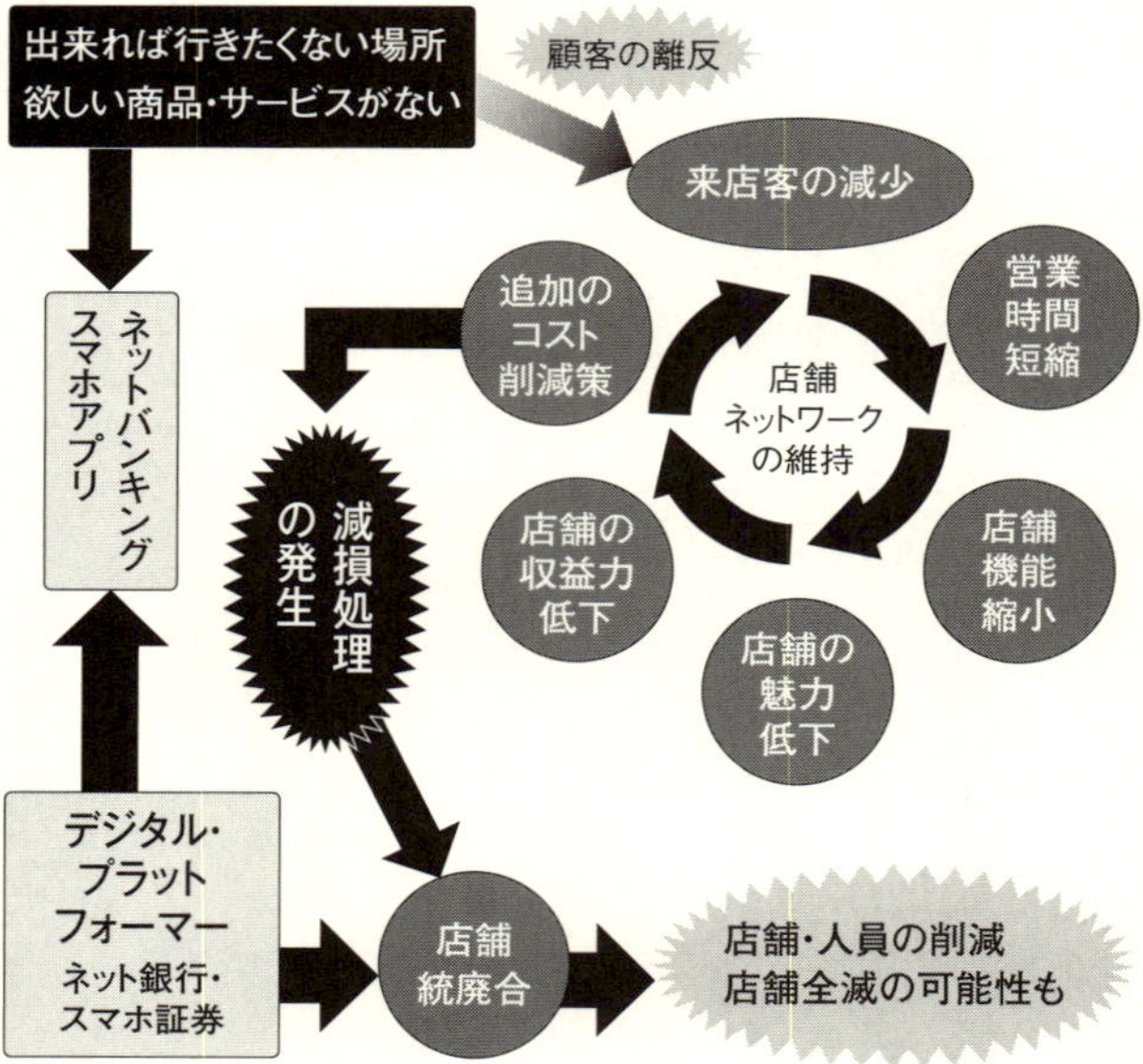

（出所）マリブジャパン

層進むことになる。既存の店舗が全滅する可能性すらあるのだ（図表20）。

「銀行全滅」というワーストシナリオ

スマホ化で、店舗に全滅の可能性があることを示した。実は、店舗がゼロになることと、銀行員がゼロになることは同義に近い。なぜなら、大多数の銀行員は、支店や営業店といった店舗勤務だからだ。ましてや、インターネット支店やスマホアプリでの店舗機能の提供が急速に広がり、非対面チャンネルの強化やAI導入を進めると、さらなる余剰人員の増加につながることになる。

スマホ化する銀行とは何か。ネット銀行やデジタル・プラットフォーマーと、仮に提供する金融サービスが同等だったとしても、人員を抱え店舗を抱えている分、コストがかかり、収益面でも営業面でも勝てる要素がない。

店舗ネットワークの維持が不可能になるということは、言葉を換えれば、実は銀行員の雇用を維持できなくなるということだ。

つまり、銀行のワーストシナリオは、仮に、銀行が、店舗からうまくスマホ化にビジネスモデルを転換できたとしても、すでに先を行くデジタル・プラットフォーマーとの消耗戦となり、経営スピード、テクノロジー、デジタル人材の質量で劣る銀行は全滅していく、というものだ。

GAFAに対して世界的に規制強化のトレンドにあるものの、一度、享受してしまったデジタル・プラットフォーマーによるサービスや利便性を、世界中のユーザーは忘れることが出来ない。

そんなユーザーの声に押され、逆に、今以上に規制が緩和されて銀行業への進出が容易になり、アマゾン銀行やグーグルバンクといった銀行が誕生する可能性もある。その時が、既存の銀行が全滅するときかもしれない。

そんななか、2019年6月、GAFAの一角であるフェイスブックは、独自の仮想通貨（暗号資産）「リブラ」構想を発表した。リブラは、スマホ上でドルなどの法定通貨と一定比率で交換でき、送金や買い物の決済に利用ができるという。フェイスブックは全世界で27億人ものユーザーを持つため、仮に、リブラ構想が実現すれば、米国のFRBや日本銀行など中央銀行を含め、既存の銀行の既得権益が大きく侵される。銀行の「中抜き」が実現することで銀行をゼロとし、国際金融秩序を大きく変える可能性がある。米国はじめ世界中の規制当局が、リブラに対する規制強化と懸念を表明しているのは、それだけインパクトが大きいことの証左だ。

LINE銀行などデジタル・プラットフォーマーによる銀行業への進出も始まった。デジタル・プラットフォーマーの強みは次の点が挙げられる。

①若年層を中心とした圧倒的な顧客数と認知度を持ち、②銀行業以外の本業から資本投下が可能で、③スマホアプリをはじめデジタル・イノベーションでの優位性があり、④組織がフラットで経営判断が速い。さらにこうした利点に加え、既存の銀行と違って余剰人

図表21　「銀行全滅」というワーストシナリオ

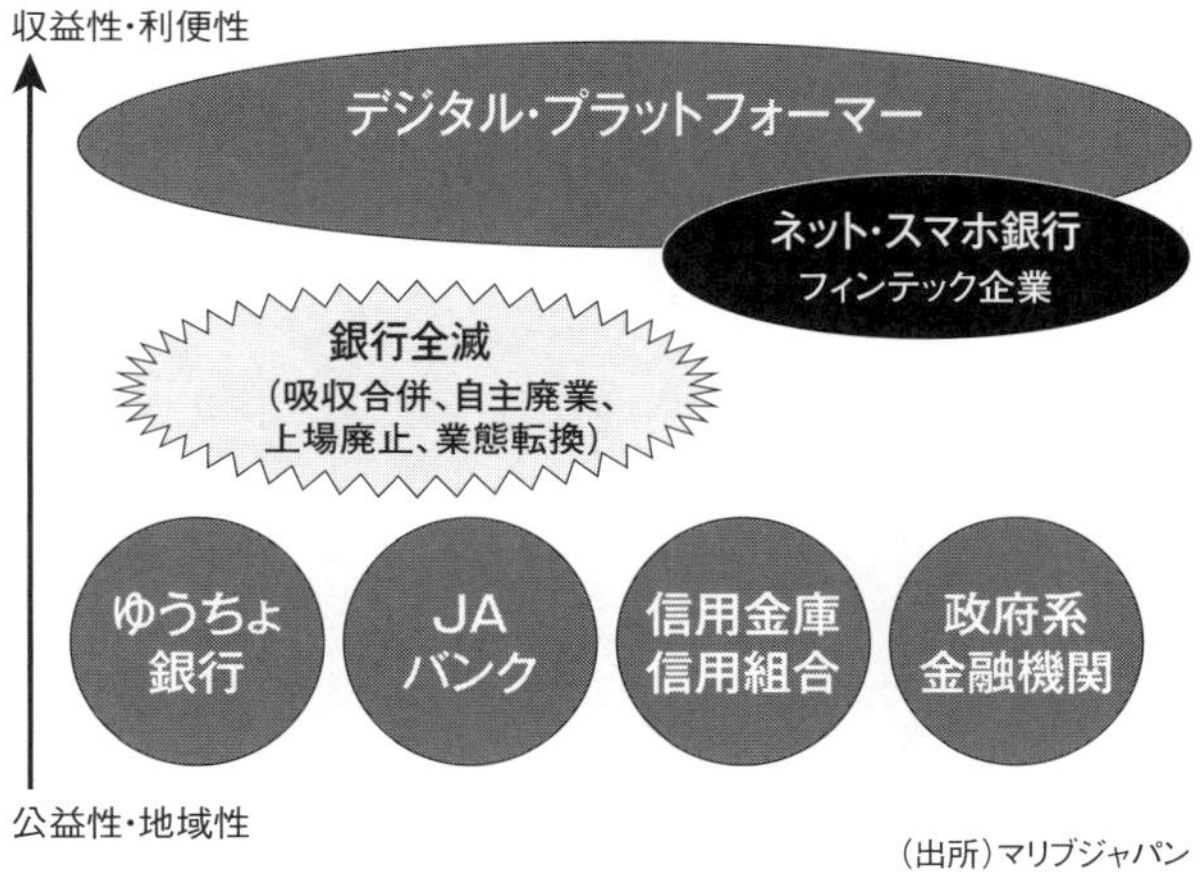

（出所）マリブジャパン

員と余剰店舗を抱えていないことが最大の強みだ。

このように、ネット銀行やスマホ証券の存在、キャッシュレス化の進展などもあり、銀行業務のスマホ化が急激に進むことで、既存の銀行店舗・銀行員・銀行はこのまま全滅する可能性がある。

「銀行ゼロ時代」の到来だ。

銀行ゼロ時代とは、デジタル・プラットフォーマーを頂点に、ゆうちょ銀行、JAバンク、信用金庫と信用組合、政府系金融機関などが全国の銀行業務をカバーする近未来の世界だ（図表21）。

銀行と信用金庫の根本的な相違

毎年、甲子園で熱戦が繰り広げられる春の選抜高校野球大会と、夏の全国高校野球選手権大会。全試合テレビ中継もされる国民的な大会であるが、いうまでもなく、高校野球は部活動であり、勝敗以上に教育の一環として行われている。

一方で、プロ野球や大リーグは、職業野球であり、スポーツであると同時に営利活動であり、集客し勝利することが収益に結びつくビジネスでもある。

同じ野球ではあるものの、高校野球とプロ野球は理念と目的からして似て非なるものだ。これを銀行業に置き換えると、協同組織金融機関である信用金庫と、株式会社であるメガバンクや地方銀行との関係に似ている（図表22）。

信用金庫はまさに甲子園のように、地域代表として相互扶助の理念のもと、営利を一義的目的とせず、後者はまさに、営利を第一の目的とするものである。

では、メガバンクはともかく、地方銀行は、一体どちらなのだろうか？　もちろん答えは後者のプロ野球だ。しかし、地域貢献や地域密着を求められる姿は、甲子園とも重なり合う。地方銀行自身も、甲子園とプロ野球をうまく使い分けながら、さしずめセミプロの

図表22　株式会社と協同組織金融機関

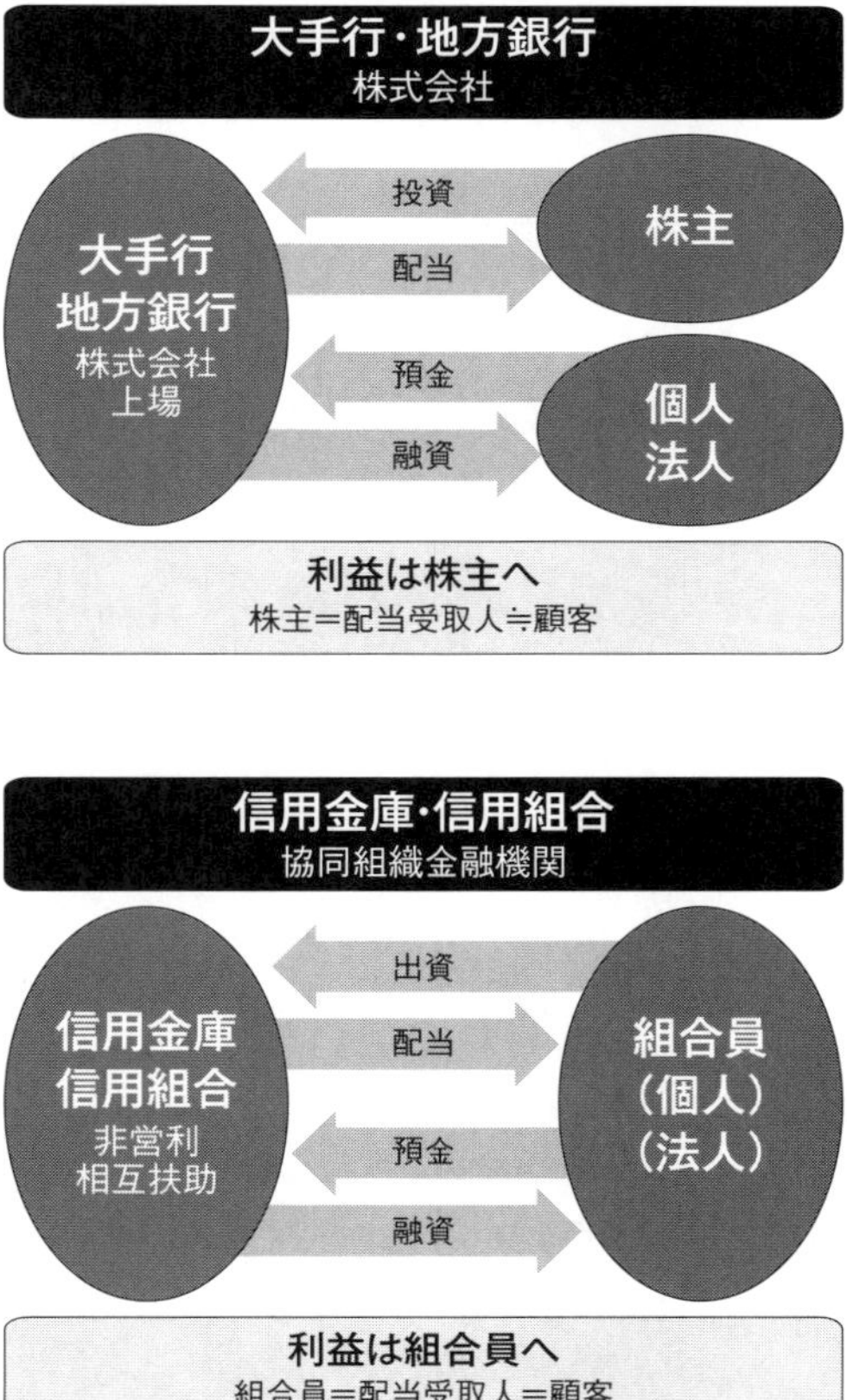

（出所）カンパニーレポート、マリブジャパン

都市対抗野球だったのが実態といえよう。

しかし、地方銀行は、その立ち位置を改めるべきだ。非上場化や信用金庫に業態転換するならともかく、株式会社であればプロ野球や大リーグが活躍の場であるはずだ。

金融規制当局やメディア、そして識者も、甲子園とプロ野球をまぜこぜにして議論し判断していないだろうか。前述したように「地域金融機関の成功事例」「サクセスストーリーに学べ」との紹介のなかに、銀行と信用金庫の事例が混在しているのがその一例だ。

そもそも銀行業として地域社会に貢献することは、信用金庫も地方銀行もメガバンクも同じはずだ。メガバンクの店舗が一番多いという地域も多々ある。

地方創生や地域密着の主役は、営利が第一義ではない信用金庫やJAバンクなどに任せるべきであり、「銀行ゼロ時代」においてもその存在意義が色あせることはない。

一方で、銀行は、合従連衡や個人の資産運用への注力などにより、収益力を向上させ、株価を引き上げるのが使命だ。その結果としての地元での雇用創出や納税こそが、株式会社銀行による地域貢献、社会貢献の姿のはずだ。

「メガ信金」が続々と誕生する

その信用金庫であるが、いま全国で信用金庫の再編が止まらない。北海道では2018年1月、札幌信金、北海信金、小樽信金の3信金が合併し、「北海道信用金庫」が誕生した。預金量は1兆円を超える。

12の信用金庫と4つの地方銀行がひしめく静岡県では、2019年1月に浜松信金と磐田信金が合併し、預金量2・2兆円の浜松いわた信用金庫が誕生した。同年6月には島田信金と掛川信金が合併し、島田掛川信用金庫が誕生。さらに、同年7月にしずおか信金と焼津信金が合併し、預金量1・5兆円のしずおか焼津信用金庫が誕生するなど、ドミノ的に再編が加速している。

この結果、都市部を中心に預金量で1兆円を超す「メガ信金」が続々と生まれ、多くの地方銀行を規模でも凌駕している。

信用金庫は、メガバンクや地方銀行と比べ、商店街や町工場といった中小零細企業との取引に強みがある。しかし、少子高齢化や後継者不足で廃業が相次ぎ、取引先の減少に直面している。地域の人口や事業所数が減少傾向をたどる中、合併には経営基盤の強化とともに、地方銀行が信用金庫の取引先にも営業戦線を拡大していることに対抗する意味合いもある。今後も信用金庫の再編は続き、メガ信金誕生も続くとみられる。

京都中央信金の4・6兆円、城南信金の3・6兆円を筆頭に、現在、預金量が2兆円を上回る信金が13金庫、同1兆円〜2兆円の信金は26金庫に上る。信用金庫257庫のうち、これら都市部を中心とする1兆円以上のメガ信金39グループが牽引する形で、結果的に多くの信金が合従連衡による規模の拡大に進む可能性が高い。

もはや3大都市圏を地盤とするメガ信金は、株式会社である地銀と規模や業容で遜色ない。また、貸出先では銀行との競争が激しくなっているほか、個人向けに投資信託や保険商品販売など、銀行と同様に資産運用業務を手がける信用金庫も少なくない。

信金業界は地域経済の衰退、日本銀行の低金利政策による利ざや低下の影響によって、地方銀行などと同様に苦戦している。しかし、筆者は、銀行がゼロとなる一方、信用金庫は、生き残る可能性が高いと考えている。

なぜ、信用金庫、JAバンク、ゆうちょ銀行は生き残るのか

その理由の1つ目は、政治力の差だ。地域密着によって築きあげてきた地元政治家や自治体などとの密接な関係は地銀以上に強い。信金業界の中央銀行である「信金中央金庫」と、業界の利益代表機関である「全国信用金庫協会」の存在も大きい。

2つ目は、経営理念とビジネスモデルの一致だ。甲子園とプロ野球の事例で述べたように、株式会社である地方銀行なども地域密着や地域貢献をうたっているが、その本家本元は、会員同士の相互扶助と地域貢献を掲げる協同組織金融機関である信用金庫だ。理念とビジネスの方向性の一致する組織の方が強いのは当然の帰結だろう。

規模や効率性の追求や経営陣の保身を目的化せず、しっかりと地域に根を張る信金は、これからも地域から支持され続けるに違いない。

JAバンクグループに関しても全く同じ理由だ。①の政治力に関しては説明するまでもないだろう。②も信用金庫と同様、協同組織金融機関として経営理念とビジネスモデルが一致している。JAバンクグループの貯金量は103兆円。全国津々浦々にあるJAは648機関。その総店舗数は、7651店舗にも上る（2018年9月末）。

ゆうちょ銀行に関しても、①政治力はいうまでもない。②では、ゆうちょ銀行そのものは協同組織金融機関ではないが、ユニバーサルサービスの理念とゆうちょ銀行が目指すビジネスモデルは一致している。ゆうちょ銀行の親会社である日本郵政株式会社は、政府が3分の1超の株式を保有するよう定められており、今後しばらくは政府の一定の関与が続くことになる。

しかし、かんぽ生命による大掛かりな不適切販売が社会問題となっている。ゆうちょ銀行を含む日本郵政グループが「銀行ゼロ時代」を生き残る上でも、過剰な営業体制の是正やガバナンスの強化など抜本的な対応が求められている。

その他、信用組合や労働金庫の一部も、同様の理由で生き残る道は残されていよう。

「事実上ゼロ」というセカンドシナリオ

2016年に発覚した、政府系金融機関である商工中金（商工組合中央金庫）の組織的な不正融資も、言語道断だ。2018年の有識者会議では「4年後の完全民営化を」と提言された。しかし、残念ながら、商工中金の廃止はむろん、民営化もないだろう。金融の世界で「4年後」など、事実上永遠の先送りに等しい。

商工中金には、リーマンショック後の2009年、東日本大震災後の2011年、そして2015年にも完全民営化が先送りされた前例もある。そもそも「将来の完全民営化」は、現行の商工中金法にすでに規定されているものだ。

それなのになぜ、民営化も廃止もないのか？　それは、決定する側である官がそれを望んでいないからだ。

「肥大化した政府系金融による民業圧迫だ」として、政府系金融の統廃合は今までも議論されてきた。2008年10月に4つの政府系金融機関が統合し、日本政策金融公庫（JFC）が誕生するなど実施もされてきたが、いまだに政府系金融機関は存在し、膨張している。例えば、日本政策投資銀行（DBJ）の貸出金残高は、前年比1987億円増加の12兆9239億円（2019年3月末）に達している。

もっとも、民業圧迫や民業補完という言葉自体、本当に正しいのだろうか。

世界地図において、日本側からみたロシア・中国は、日本海が湖のようにその間を隔てているが、逆に、ロシアや中国側の視点からみると、日本列島が、太平洋に進出するのを拒む要塞のようにみえるのと同じだ。

つまり、むしろ、民こそ官業補完の存在である、と捉えるのはどうだろうか。

金融庁も日本銀行も、経済産業省も官だ。かれらが法制度を司り、民を監督している。商工中金、日本政策投資銀行、国際協力銀行（JBIC）、日本政策金融公庫、住宅金融支援機構、福祉医療機構、信用保証協会など、最近では、産業革新投資機構に地域経済活性化支援機構といった乱立する「官民ファンド」があり、さらに日本郵政もある。まさに、メガバンクでも地方銀行でもなく、官業が日本の金融市場を牛耳っている。

是非論は別に、現実の世界だ。

2019年3月末時点の貸出金残高は、商工中金が8兆2897億円、前述の日本政策投資銀行が12兆9239億円、国際協力銀行が13兆5765億円、日本政策金融公庫は17兆857億円であり、合計すると51兆8758億円となる。北洋銀行や京葉銀行など、第二地方銀行40行の貸出金残高の合計52兆1614億円（第二地方銀行協会、2019年3月末）に匹敵する巨大な規模だ。

民間の既存の銀行がゼロになっても、政府系金融機関は生き残る。例えば、日本政策金融公庫の店舗網は、152店舗だ。銀行と同様、デジタル化や人口減少の影響を受けるものの、商工中金を除く他の政府系金融機関と同様、法令によって定められた店舗や人員を大きく削減する計画はいまのところないはずだ。ユーザーにとっても、民であろうが官であろうが、良質なサービスを安全に提供してくれるならば、どちらでもいいはずだ。

メガバンクや地方銀行といった民間金融機関もその現実を直視すべきだ。そして上手く利用する。住宅ローンや中小零細企業向け貸出を官業にまかせたりと、活用するのはどうだろうか。

少子化過疎化により国公立大学と私立大学の統廃合が実現しているように、政府系金融機関が地域金融機関などを吸収合併するのも一考だろう。

商工中金も経済産業省もその役割や使命は終わっていると筆者は考えるが、廃止されることはないだろう。であれば、官を上手く利用しながら、民は違う分野に活路を求める。例えば、法人向け貸出は官にまかせ、民は個人資産運用に特化するなど、棲み分けは可能なはずだ。このままでは、民だけが滅んで、官が残るという「銀行ゼロ時代」の世界が訪れようとしている。

このままの延長線上であれば「銀行ゼロ時代」は不可避であり、メインシナリオであり、ワーストシナリオだ。仮に、銀行・店舗・銀行員が全滅するというワーストシナリオが避けられたとしても、現在進行形である店舗と銀行員のさらなるダウンサイジングはどうしても避けられない。

その結果、訪れるのが「事実上ゼロ」のセカンドシナリオである。

メガバンクは2つのグループに集約され、人員は10分の1に

セカンドシナリオでは、メガバンクは2グループとなり、店舗は全国に各10店舗、人員は10分の1になる。

地銀に至っては20グループ、店舗は本店のみで、人員は10分の1となるとみている（図表23）。このセカンドシナリオを詳しく見ていこう。

銀行にはシステム費用等、多額の固定費が発生するため、規模の経済性（スケールメリット）が働きやすい。例えば、貸出の規模が2倍となっても、システム費用が2倍かかるわけではなく、合従《がっしょう》連衡《れんこう》による経費削減余地が大きい業種といえる。

金融庁によれば、メガバンクなど主要行等の稼ぐ力を示す連結業務純益は、前年比2152億円マイナスの3兆2915億円、当期純利益も前年比6519億円マイナスの2兆1334億円と、減収減益だ（2019年3月末）。

店舗や人員のダウンサイジングが進むものの、抜本的解決とはならず、このままではじり貧となり、メガバンク同士の再編が起きる可能性もある。

例えば、MUFGとSMBCグループの合併により「スーパーバンク」が誕生したり、みずほFGとゆうちょ銀行の合併により「ギガバンク」が誕生したりするといったことだ。または、業績不振や経営判断の誤りにより、メガバンクがその位置から転落するケースも考えられる。

結果的に、メガバンクは現在の3グループから2グループに集約される。

図表23　「事実上ゼロ」のセカンドシナリオ

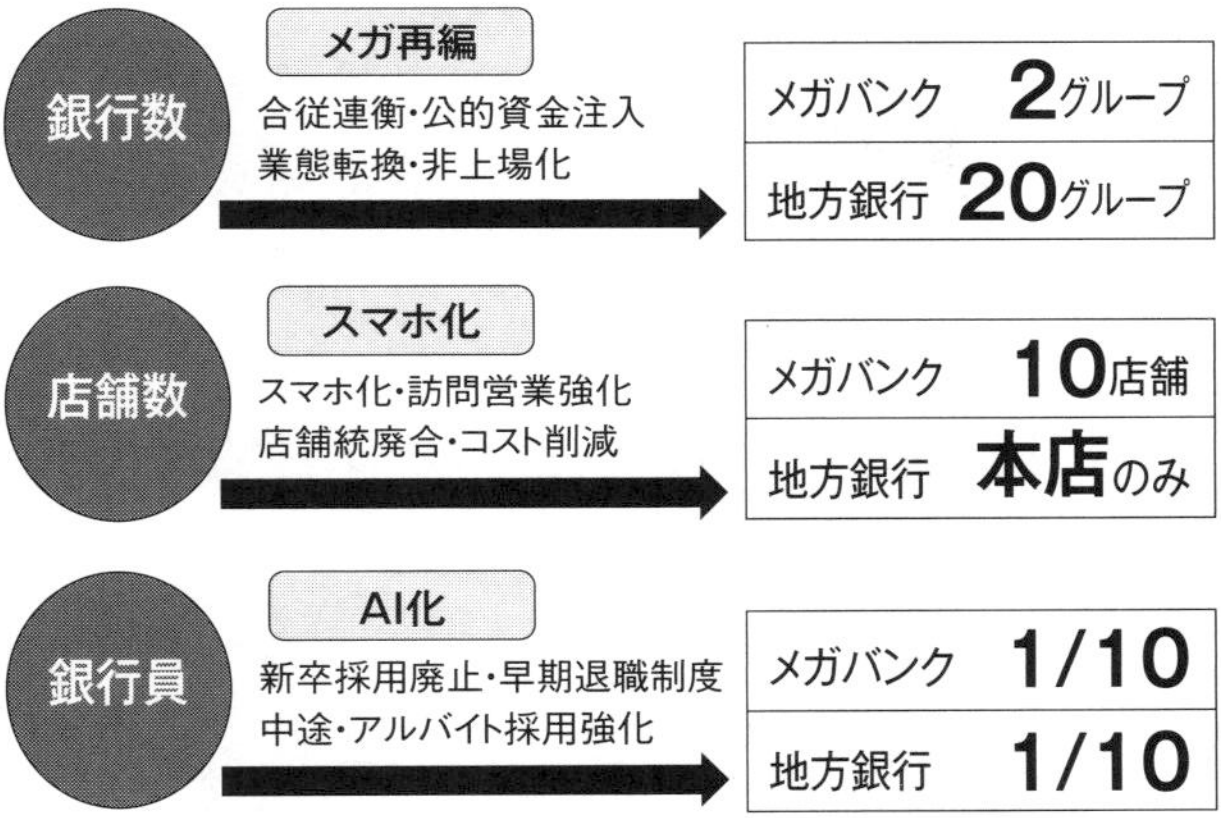

（出所）マリブジャパン

三菱ＵＦＪ銀行と三井住友銀行によるＡＴＭ相互開放の発表はその序章かもしれない。長年ライバル同士である両行が、２０１９年９月から重複するＡＴＭを６００〜７００か所削減するとともに、残る相互のＡＴＭ約２８００か所で引出し手数料を無料化するという。ネット銀行やスマホ証券の登場、コンビニＡＴＭとの競争、キャッシュレス化の進展などで、メガバンクでさえＡＴＭや店舗などが重荷になっていることの証しといえよう。

地方銀行は、20グループに

同じく金融庁によれば、地方銀行では、稼ぐ力を示す実質業務純益がほぼ横ばいの1兆2221億円に対して、不良債権処理費用の増加などにより当期純利益は前年比2279億円マイナスで7686億円の減益だ（2019年3月末）。また、日銀の金融システムレポートが、10年後には約6割の地銀が赤字になると推測していることは何度も述べたとおりだ。

地方銀行と第二地方銀行は合わせて全国に104行ある。しかし、非上場銀行を除き、コンコルディア・フィナンシャルグループ（コンコルディアFG）傘下の横浜銀行と東日本銀行のように、持株会社のもとにグループ化されている銀行を一つとカウントすると、上場地銀は、80グループにまで集約される。地銀104行と一括《くく》りにいうものの、事実上80前後のグループに現時点ですでに収斂《しゅうれん》しているといえる。

図表24は、資産規模の上位から順に、総資産5兆円以上の主要な地方銀行28グループを並べたものだ。

資産規模トップ11は、最大手のふくおかFGの23・7兆円を筆頭に、10兆円クラスの銀行が並び、その多くが持株会社のもと、多様なグループ展開をしている。証券子会社や資産運用子会社をもち、信託業務やフィンテック対応にも積極的で、メガバンクに負けないフルライン体制を作り上げている。

図表24　地方銀行の総資産上位28グループ

（2019年3月末）

	銀行名	地域	持株会社有無	総資産（兆円）
1	ふくおかFG+十八銀行	九州	○	23.7
2	コンコルディアFG	関東	○	18.9
3	めぶきFG	関東	○	17.3
4	千葉銀行	関東	-	14.9
5	ほくほくFG	北海道・北陸	○	13.1
6	静岡銀行	東海	-	11.8
7	関西みらいFG	関西	○	11.6
8	八十二銀行	甲信越	-	10.4
9	西日本FH	九州	○	10.4
10	九州FG	九州	○	10.4
11	山口FG	中国	○	10.3
12	北洋銀行	北海道	-	9.7
13	京都銀行	関西	-	9.6
14	広島銀行	中国	-	8.9
15	第四北越FG	甲信越	○	8.9
16	七十七銀行	東北	-	8.6
17	中国銀行	中国	-	8.2
18	群馬銀行	関東	-	8.1
19	伊予銀行	四国	-	7.1
20	十六銀行	東海	-	6.3
21	百五銀行	東海	-	6.2
22	滋賀銀行	関西	-	6.1
23	東邦銀行	東北	-	5.9
24	大垣共立銀行	東海	-	5.8
25	南都銀行	関西	-	5.7
26	山陰合同銀行	中国	-	5.5
27	池田泉州HD	関西	○	5.4
28	東京きらぼしFG	関東	○	5.3

（出所）カンパニーレポート、マリブジャパン

12位以下の17の地方銀行においても、いずれも地域のトップ地銀であり、トップ11グループと同様に規模と業容をフルラインで展開している地方銀行ばかりだ。

地域バランスも含め、既に20の席のうち、約半分が埋まり、残る10席前後をこれら5兆円以上の規模の銀行が、合従連衡によりその座を狙っているのが現状といえる。

さらに、海外や他業態の合従連衡でも散見されるように、地方銀行の再編でも今後は、トップグループ同士やトップ地銀同士のいわゆる「メガ再編」も想定されよう。

２０１９年7月に発表されたトップ地銀同士の横浜銀行と千葉銀行の包括業務提携はまさにその先駆けになるだろう。この他にもこの先、例えば、コンコルディアＦＧとほくほくＦＧや、めぶきＦＧと群馬銀行といった組み合わせも考えられよう。

「メガ再編」の際には、地域銀行の側面も持つりそなホールディングスの総資産59兆円（２０１９年3月末）という規模は、一つの到達目標として意識されることになろう。

地銀再編が進むことで、２０２０年にも資産20兆円規模の地銀20グループで、総資産合計４００兆円の世界となる。決して夢物語ではないはずだ。

実際、地方銀行の経営統合を促すため、10年間の時限立法で、独占禁止法の特例を認める特例法の法案提出が、２０２０年の通常国会になされる予定だ。

「コミュニティーバンク法」の制定を

無論、地方銀行104行がきれいに20のグループに収斂することは現実的ではない。株式価値向上を目指し、規模や業容が充実し広域化した20の地銀グループが存在する一方、それ以外の非上場銀行や小規模銀行、地域的に再編から孤立した銀行、創業者の影響が強い銀行、公的資金注入行などは、地域貢献に比重を置きながらも、当面はそのままで残る構図も考えられる。

しかし、もはや上場株式会社としての存在意義を失った一部の地方銀行は、非上場化や、信用金庫との合併や協働組織金融機関への業態転換を模索することも考えられる。公共性も求められる銀行と株式会社制度の相性は元々よくない。ましてやそれが地方銀行であれば、なおのことだ。

このため、1989年に、「金融機関の合併及び転換に関する法律」(合併転換法)によって当時の相互銀行が一斉に普通銀行に転換し、現在の第二地方銀行に至るように、例えば、新たに「コミュニティーバンク転換法」を制定する。

預金量が1兆円未満の地方銀行は、同じく1兆円未満の信用金庫、信用組合とともに、

図表25 「コミュニティーバンク転換法」のイメージ

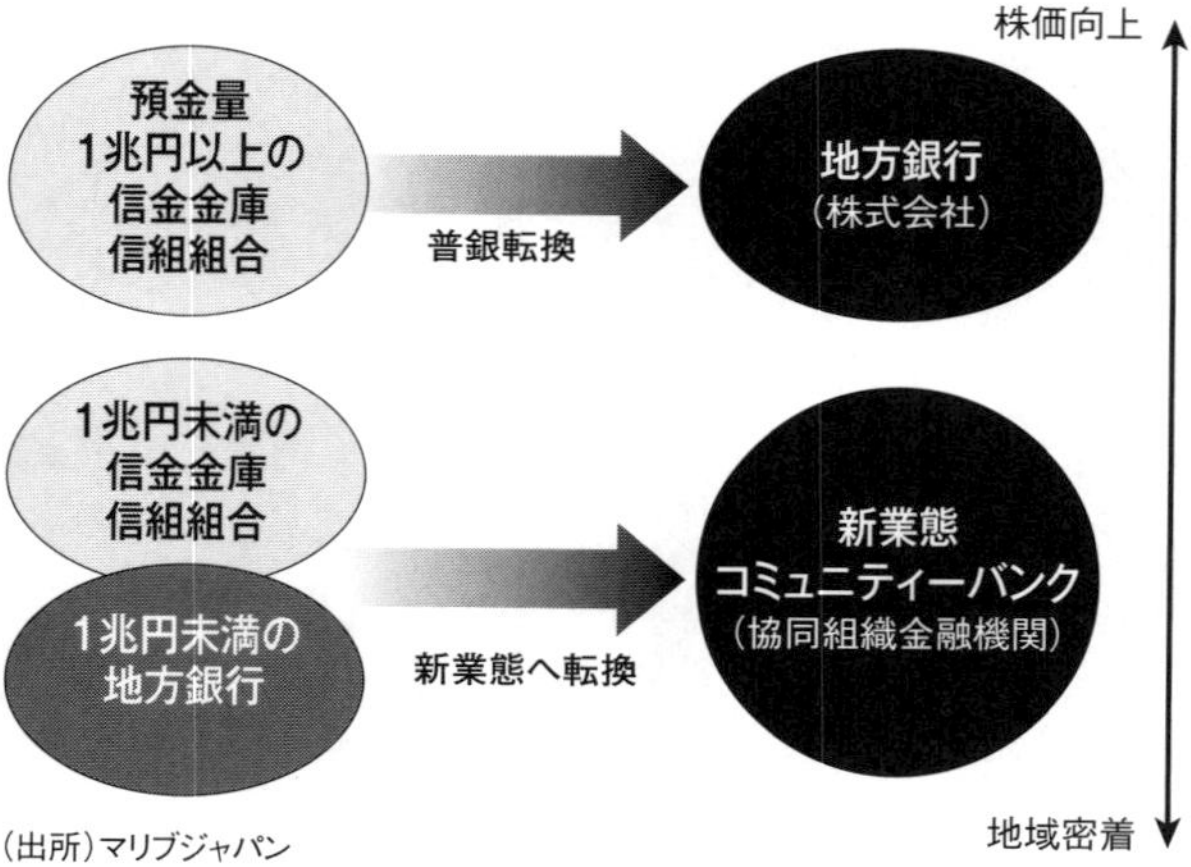

（出所）マリブジャパン

株式会社ではない協同組織金融機関の一形態である「コミュニティーバンク」へ転換する。

一方で、預金量が1兆円以上の信用金庫（メガ信金）や信用組合は、普通銀行に転換し、株式会社の地方銀行になる、といった施策も考えられよう（図表25）。

また、2022年3月末まで5年間延長されている、金融機能強化法に基づく公的資金を活用する銀行なども増える可能性がある。

メガバンクは10店舗、地銀は本店だけ

ワーストシナリオでは、スマホ化と顧客離れにより、銀行店舗は全滅しゼロと

なるが、セカンドシナリオにおいても、スマホ化の流れは変わらない。スマホアプリをメインとしながら、メガ店舗を併用する形になる。

あらゆる業務に対応し、対面での相談が受けられ、フルバンキング店舗と共同店舗の機能をもったメガ店舗を、本店を含め、フラッグシップ店舗として構築する。

例えば、その1階フロアには、証券子会社や保険代理店の窓口に加え、営業窓口、ATM、貸金庫を備える。ショールーム機能として、最新アプリのデモ機や、ロボアドバイザーによる診断機能などが体験できるコーナーがあってもいい。

2階には、富裕層向け資産運用ラウンジをメインとし、セミナールームや面談スペースもそろえたい。3階には、法人営業部門に加え、営業員用の事務所、事務処理センターなどを設けたい。いずれにせよ、収益部門のプロフィットセンターとコストセンターを明確にし、前者はよりよいスペース、より大きなスペースを与え、バックオフィスに代表される後者はデジタル化や事務集中化などにより、よりコンパクトにすることが肝要だ。

こうしたメガ店舗が目指すのは、顧客が車で1時間かけても行く店舗であり、電車を乗り継いでも行きたい店舗だ。ショールームとして、また対面営業を求める顧客向けに、そこに行けばすべてが完結するメガ店舗を構築するのだ。

ただし、メガ店舗、つまりフルバンキング機能をもった有人店舗は、メガバンクでも東京に5店舗、国内全体で10店舗もあれば十分であろう。地方銀行では本店を含め主要拠点に5店舗――いや本店のみでもいい。

地方銀行であれば本店を拠点に、過疎地では移動店舗車のさらなる活用、店舗への送迎サービスの実施、郵便局やコンビニの代理店化も考えられよう。

なお、銀行店舗と銀行員の数は、比例する。銀行店舗が大幅に減るのであれば、店舗を運営する人員も当然減少することになる。セカンドシナリオにおいても、新卒採用廃止・早期退職制度の導入、中途採用やアルバイト採用強化などを伴いながら、銀行員数は10分の1の水準となるのではないだろうか。

アップルの直営店は8店舗しかない

業態は違うが、GAFAの一角であるアップルのケースを見てみよう。国内の直営店は、2018年4月にオープンした新宿を含め、銀座、渋谷、表参道、名古屋栄、京都、大阪心斎橋、福岡天神の8店舗だけだ。しかもその半数は東京にある。

目指すのは、前述のように車で1時間かけても行く店舗、電車を乗り継いでも行きたい店舗だ。アップルにおけるメガ店舗であるこれらアップルの直営店（旧アップルストア）にはまさに日本中から顧客やファンが集まっている。様々な体験やイベントが開催され、もちろん、専門のスタッフの説明や実演を受けながら、商品を購入することも出来る。

日本においては、フラッグシップ店舗である8つの直営店に加え、ビックカメラやヨドバシカメラといった家電量販店がアップル・ショップとして代理店販売をしている。また、ソフトバンクやNTTドコモなど携帯キャリアショップや、携帯電話販売代理店でも一部商品を購入することができる。

無論、アップル・ドットコムだけでなく、各代理店のネットからも商品の購入が可能であり、基本的には、どこで購入しても同価格を維持している。

ブランド力や商品の魅力に差があるアップルと銀行ではあるが、アップルは、既存銀行の店舗が目指すべき、スマホ化・メガ店舗・代理店化を融合した先駆事例といえよう。

第3章

内部崩壊が止まらない銀行組織

20年前と少しも変わらない職場

ここまで、なぜ、銀行がゼロとなるのか、主にマクロ要因、金融庁の対応、デジタル・プラットフォーマーの攻勢から説明した。第3章では、外部要因だけでなく、銀行内部からの崩壊も進んでいることを、組織や人材などの側面から描く。

「もうこんな銀行辞めてやる！」。退職届を上着の内ポケットから出し上司に叩きつけて辞める――。テレビドラマや漫画ではよくあるシーンだが、現実にはなかなかそうもいかない。

しかし、筆者の大学時代の後輩は先日、退職届を人事部あてに届け、そのまま勤務先のメガバンクを辞めたところだ。

「40代半ば、未だ次の就職先も決まらず、先々考えると不安はあるけれど、それでも、きれいさっぱり、が正直な心境」だという。

なぜ辞めたのか。銀行に限らず、転職や退職の理由の大部分を占めるという人間関係、つまり上司との関係の拗《こじ》れが直接の理由だそうだ。しかし、それはきっかけに過ぎず、大げさにいえば、働く場としての銀行の将来に暗澹《あんたん》たる気持ちを改めて抱いたのが、大きな後押しになったという。

最近、別の知り合いも大手銀行を自ら辞めた。実はそこを辞めるのは2度目なのだ。この大手銀行には20年ほど前に新卒で入行したのだが、その後、彼は少し複雑な経緯をたどる。不良債権問題もあり、邦銀カルチャーに嫌気がさして飛び出し、外資系金融機関に移った。そこで自由な雰囲気のもと、グローバルで最先端の金融の世界に浸かった日々を過ごした。しかし、その外資系金融機関が日本から撤退したので、いくつかの転職先を経て、再び元の大手銀行でキャリアを生かすことになった。

だが、その職場は、しばらく様子をみていたが、20年前と変わるどころか、むしろより悪化しているのを実感した。そこで再び辞める決意に至ったという。この知り合いが職場の「悪化した」現実を打ち明けてくれた。

朝から晩まで「会議のための会議」状態

例えば、メールCCに100名以上のアドレスが連なる無責任で趣旨不明な大量の行内メール。そして、会議、会議、会議の連続。本部であっても、朝の日次ミーティング、週次ミーティングに、月次ミーティング。課の会議、部の会議、本部の会議、部門合同会議、マネジメントによる説明会、四半期会議などなど。驚くなかれ、それらの会議のための、事前打ち合わせ会議、フォローアップ会議まである。

支店では、基本的に、月2回の全体会議、毎週1回の課長以上が参加の役席会に加え、店頭ミーティング、資産運用ミーティング、ローンミーティング、新規開拓先会議、総合営業ミーティングなどを毎日行っているそうだ。もちろんこの他にコンプライアンスや新商品導入など不定期のミーティングや勉強会もある。

それを何の疑問にも思わず、いやそう思っても行動することなく、黙々と会議のための資料を作り、参加し、仕事をした気になっている行員と役員。当たり前だが、会議そのものが収益を生むわけではない。

極めつけは、昨今の頻発する地震や水害などにかこつけて、「安否確認のため、今後、土日や有給休暇中の旅行の場合には、宿泊先ホテル名を事前に上司に報告すること。即日実施」との通達だった。独身者も既婚者も男女も問わず。これはあり得ないだろう。どうしてもというのなら、スマホやSNSで確認すればいい。そのうちGPSが配られるのではと戦々恐々としながら、ただ黙って従う「ヒツジ行員」たち……。

筆者が知るところでも、平日の夜や土曜日の、「自由参加」と称された勉強会や講演会への出席強要という問題もある。いまだに残業や休日出勤が「かっこいい、仕事している」と一部ではみなされる風潮など、枚挙にいとまがない。

入行から定年退職まで続く勉強会

たしかに、メガバンクも地方銀行も、休日を利用した行内運動会や支店慰安旅行、平日終業後の上司との飲み会は相当減った、またはなくなった。しかし、代わりに平日終業後の本店での「グローバル経済情勢」講演会や、行内交流会と称した銀行施設内での懇親会、そして休日に開かれる本店や研修施設での自主集合研修や勉強会、講演会が、以前にも増して活況だ。

そのメニューは、銀行業務に関する実務的なものから、プレゼン術、地域の歴史学、英語力まで、まさに多種多様だ。

会議、会議の次は、研修、研修また研修。銀行業務はそんなに複雑かつ難解なものなんだろうか。もしくは、銀行員は、そんなにも一般教養やスキルが足りないんだろうか。会議と研修で得た知識や知見を、営業の現場など実践で生かす前に定年または退職とならないことを願うばかりだ。

本部は金融庁の物真似か？

「グローバル経済情勢」といった行内講演会でも、行員が一斉に同じ内容を聴講するのも少々気味が悪い。

何でもかんでも研修すればいいというものではない。本人のやる気も、適性も異なる。そもそも練習と実戦は全く違う。

ほとんどが経営陣や人事部、人材開発部など本部主導による受け身研修や勉強会が、さみだれ式に続く。そんな場所で「均質化」された銀行員が、百戦錬磨の企業経営者の貸出ニーズや、金融リテラシーの高い富裕層や資産形成層の運用ニーズに対して、機敏に対応できるのだろうか。

銀行本部の行員に対する姿勢は、何かに似ている。そう、金融庁が、銀行に対して次から次へと様々な課題や指針を過剰に投げかけてくる状況とオーバーラップするのだ。これは偶然だろうか？　金融庁の姿勢を内心で批判する経営陣が、同じことを行員に対して行っているのならば悲劇だ。

朝も夕も、「任意」という名の半強制参加

そして、なんといっても最大の問題が、これら休日研修や平日終業後の活動が全て「自主的」「任意」とされていることだ。自主参加といいながら、事実上、強制参加となり、人事考課にも影響があるとしたら、相当悪質だ。

銀行だけでなく大企業から中小企業にまで同様の「任意」活動がある現実。早くも風化しつつあるが、数年前に過労死という犠牲者まで出したＮＨＫや電通の企業体質をほうふつとさせる。

実際、人事考課をする上司や先輩行員の視線を気にして、大多数の行員は「自主」参加しているはずだ。最後までこの銀行で働く意志がある行員であれば、なおさら参加することになろう。

そもそも、本当に業務上必要な研修や勉強会、講演会であれば、平日業務時間内に行うべきである。これは通信教育や資格取得に関しても同じだ。

最近では銀行側にも「休日はまずい」という意識があってか、週末に加え、業務開始前の早朝や、業務終了後の夕方を自発的な自己啓発の活動にあてて充実させようという。

「朝の自主勉強会」や「業務時間後の任意研修」が開催されているメガバンクや地方銀行もあるというから驚きだ。

それが堂々とホームページやIR資料に掲載されているから、世間とズレているという認識はないのだろう。

休日研修よりも土日営業を

どうしても、朝から一緒、夕方も同じ銀行員で集まりたいというのであれば、銀行のコンサルティングラウンジを午前9時からではなく、早朝7時からオープンし、資産運用相談を受け付けるのはどうだろうか。同様に夜7時までオープンしておく。早起きのシニア顧客だけでなく、仕事帰りの若年層や資産形成層のニーズも掘り起こせるはずだ。

同じく、休日研修をするくらいなら、いっそ休日出勤にしてはどうだろうか。銀行店舗は土日も営業し、365日オープンとすることで、資産形成層への資産運用コンサルティングなど顧客の利便性にも合い、収益にも貢献するはずだ。

ヒツジのような銀行員の側も問題だ。休日の過ごし方や勉強の仕方まで、一挙手一投足が管理されて、不満はないのだろうか。ビジネスに必要な知識は、本来、自らが認識し、探し、学ぶのが基本。デジタル・プラットフォーマーなど異業種参入に加え、ライフスタイルの変化によって金融ビジネスそのものが大きく変化するなか、画一的で遅効性のある知識の詰め込み研修は、実践的とはとても思えない。

休日のプライベートの充実こそ、翌日からの仕事に生かされ、業績にも寄与すると信じてやまない。

脱力してしまった、銀行員のメール力

筆者は仕事柄、様々な部署の銀行員とメールで依頼したり依頼されたりと、やり取りすることが多い。

その際に、「受け取りました。」「承知しました。」と返信メールがないことが度々ある。そうしたメールの相手に限って、期日が遅れたり、書類に訂正があったりする。無論、「期日に遅れそうです」との一報も、アップデートもない。電話で催促して、ようやくメールでの返信や回答があるといった具合だ。

しかも、これが広報IR部や総合企画部であったり、本部の中核部署であったりする。忙しいのかもしれない。あるいは、相手によって対応を変えているのかもしれない。たし

かに筆者も弊社も、有名でも優良でもない中小零細業者ではあるが、銀行の顧客でもある。他の様々な業種の方とも付き合いがあるが、返信が一番早いのは、いまや自治体の窓口だったりする。銀行と取引のある友人や知人に聞いてみても似たような経験があるというから、筆者だけの体験ではないようだ。

一方で、銀行でローンを借りれば利払い期日には厳格で、利用者が一日でも支払いが遅れれば延滞扱いで、催促の電話がすぐにかかってくるのだが……。

銀行経営と銀行員には、スピード感がないといわれて久しい。デジタル化時代、SNS時代では致命傷だ。無論、早ければいいというものではない。しかし、メールなどのやり取りにおけるリズム感というのは、ビジネスセンスが問われる問題だ。

メール力、SNS力はいまやビジネスパーソンの能力を映す鏡ともいえる。スピード感、簡潔な内容、的を射た返信、丁寧な表現などは、ビジネス能力だけでなく、その人柄も映し出す。便利であるが、使い方次第では、いらぬ誤解や不満の原因にもなるものだ。

例えば、金曜日の夕方にビジネス上の依頼メールを受け取ることがある。全く相手のことを考えていないセンスなきビジネスパーソンだと思う。一体今からどうしろというのだろう。休日にやれというのか、それとも嫌がらせなのだろうか。

ＡＩやデジタル化がどんなに進もうと銀行員による対面ビジネスは残ると、銀行は開き直るが、本当だろうか。そこには当然クオリティーが求められる。

相手の立場に立って一言のメール返信も出来ないような銀行員や銀行で、資産運用や融資の相談をしようと思う顧客がどれくらいいるだろうか。

接待でしか差別化できない営業

人材の多様性を認め積極的に活用しようとするダイバーシティへの理解と取り組みは、我が国でも広まりつつあるが、銀行ではどうだろうか。

今年（２０１９年）の春、東日本のある地方都市での筆者の講演会でこんなことがあった。

「銀行店舗はもっと採算性を重視すべきで、例えば、土日に地域の祭りに銀行として参加したり、親睦会に参加したりするのが仕事ではなく、ダイバーシティにも反する」旨の発言をしたところ、聞いていた地方銀行の支店長から、烈火のごとく反論があった。

「我々は、日々そうした地道な活動で取引先に認めてもらい、貸出など取引獲得に努めているのだ！」と。

もっともらしい意見だが、要は接待でしか差別化できていない、ということだろう。ましてや、そこに採算性・収益性という概念はない。土日も頑張る、地域で汗をかく、お願いする――まるで昭和の営業だ。それは営業時間外の勤務では？　残業代は？　任意での参加？　といった点で、突っ込みどころ満載、働き方改革にも逆行しているのではなかろうか。

加えて、神社や寺院の祭りなどに銀行行事として参加すること自体、ダイバーシティを理解していないのではと思わざるを得ない。

男女といった性差、国籍・人種、障がい、学歴・経歴、出身地、ワークスタイル、価値観といった観点でのダイバーシティへの理解は日本社会で高まったといえるが、こと銀行に関しては、グローバル展開するメガバンクの一部部門を除けば、宗教や文化といった観点での多様性への理解は著しく遅れているといえよう。

例えば、我が国においてもグローバル企業では、年末年始における社内外でのカード交換のメッセージは、特定宗教を祝う「メリークリスマス」ではなく、汎用性のある「シーズンズ・グリーティング」と変わってきている。銀行員だけでなく取引先や顧客の宗教観や考えも多様化している。たとえ任意とはいえ、地元の神社や寺院の祭りに支店ぐるみで参加することや、クリスマスパーティーの開催に全員が疑問なしでは、銀行のダイバーシティへの認識度は、登山で言えばまだ「3合目」程度ではないだろうか。

「常に100点を取るように」

デジタル化時代に加えて人生100年時代、銀行員もデジタルスキルやクリエイティブな能力、コンサルティング力が問われている。

とはいうものの、安定感を重視しジェネラリストとして働いてきた銀行員に、急にIT力やコンサルティング力を求められても困る。

「ジェネラリストに価値はない。全員がスペシャリストになれ」「これまで比較的単純な作業に従事してきた行員を、よりクリエイティブな仕事に振り向ける」といった発言をメガバンクの首脳がこぞってしている。

ごもっともではあるが、年功序列と終身雇用という暗黙のルールのなかで2年から3年での転勤を繰り返し、様々な職場を体験するジェネラリストを意図的に養成してきた銀行と銀行員が、急にそんな大転換が可能なのだろうか。

筆者は銀行の新人時代のやり取りを思い出す。配属された支店の上司曰く「君たちは、学生時代はずっと優秀で、テストでも常に80点、100点、90点といい点ばかり取ってきただろう」。まあ、はい。「しかし、銀行に入ったからにはそれでは困る。常に100点をとるように」「90点も95点も不可だ。なぜなら、お金を扱う仕事だからだ。1円たりとも間違いがあってはならない」。なるほど。いわゆる銀行の減点主義だ。

一方で、「120点や200点を取る必要はない。独創性よりも正確さ安定さが何より大事だ」ともいわれた。

なるほど確かにそうだと思うとともに、ロボットのような役割なのかと、ショックだった記憶がある。

そうか、クリエイティブな能力やスペシャリストは必要とされていないんだ、それならつまらないな、と生意気ながら、その後の筆者の転職に繋がるきっかけになった出来事だ。「常に100点を取るように。それ以下は不可」という銀行の減点主義は、現在でも変わらず、銀行カルチャーの根底にあるものだ。

例えば、貸出と手数料とともに銀行の3大ビジネスの1つである有価証券運用がうまくいかないのも、この減点主義が要因にある。運用担当者には、「国債や株式など有価証券運用でリターンを出来るだけ上げて利益を出せ、でも絶対に損は出すな」と指示が来る。

しかし、仮に大きなリターン（200点）を挙げても運用担当者の評価は最高100点まで。一方で、仮に損失が少しでも出れば、マイナス評価や降格査定では、誰もリスクを取らなくなる。

今さら創造性を求められても

いずれにせよ、いままで脈々と計算ドリルで毎回100点を取ることに集中してきたのに、これからは創作問題に取り組み、120点や200点の評価となるよう頑張れといわれてもすぐには無理であろう。

まれに120点が達成できる時もあれば、60点や0点のときもあるだろう。銀行は、それを許容できるのだろうか。クリエイティブとは失敗の連続とも置き換えられる。これからの銀行員にクリエイティブさを求めるのであれば、減点主義をやめるのが必須条件だ。

もっとも、「これからも毎回100点を要求し、それ以下は減点です。プラス、3回に1回は、200点以上取るようなクリエイティブさを求めます」ということであれば、まさに無理難題であり、そんなスーパーマン行員やスーパーウーマン行員はいない。

デジタル化の最大のメリットは、顧客の利便性向上ではなく、人員削減によるコスト削減効果だ。銀行は、ＲＰＡ（ロボットによる業務効率化）導入などに伴う業務量削減によって生じた余剰人員を営業現場に投入し、コンサルティング業務を強化するという。だが、事務やバックオフィス、本部にいた人材が、急に営業の最前線で、従来以上に専門知識や顧客配慮が求められる法人向けビジネスや個人の資産運用相談において、果たしてクリエイティブに活躍できるのだろうか。また、本人はそれを希望しているのだろうか、という疑問が残る。

安定を重視しジェネラリストとして働いてきた銀行員に、急にコンサルティング力やＩＴ力に加え、クリエイティブさまで求めるのは酷であり、一種のパワハラだ。

行内での研修を充実させるというが、クリエイティブな職種であればあるほど、研修や資格ではなく、経験とセンスの比重が大きくなる。インセンティブ強化や給与増額も必要となろう。

そもそもＡＩ進展によって生じた余剰人員に、新たな仕事を探して収益をと考えるから、失敗する。仕事のための仕事が増えるだけだ。レイオフができないならば、本人の意思を尊重した上で、自由な創作・研究活動や地域貢献を主とする部署を作るのもありだろう。デジタル化の最先端を走るＧＡＦＡには、本人が自覚しているか否かは別として、そうした趣旨のプロジェクトも、部署も社員も存在している。技術革新と雇用対策にもなる。それぐらいの余裕は、我が国の銀行にもまだあるはずだ。

地方銀行員から地方公務員への転職

メガバンクなど大手行でも最近、本部の企画担当や商品開発担当のシニアメンバー、マーケティング担当の若手行員だけでなく、支店においても資産運用担当やプライベートバンカーといったエキスパートなど、多様な人材の流出が続いているという。

地方銀行でも銀行員の流出が続いていると聞く。20代から30代だけでなく、40代にも及んでいる。実際、「銀行員、転職」とスマホで検索すると、ずらりと様々な転職サイトや体験談やアドバイスが出てくる。

かつての銀行員の転職や退職だと、家業を継ぐことを除けば、銀行から銀行、銀行から証券会社や外資系金融会社などが主流だったが、今は様変わりだ。はやりのスタートアップ企業やベンチャー企業の立ち上げや独立、コンサルティング会社やIT企業への転職かと思ったら、そうでもないという。

なんと、地方銀行の場合、県庁や市役所といった地元の自治体やJAバンクグループ、あるいは政府系金融機関などに転職するケースが増えているという。公務員の場合、20代であれば一般的な公務員試験を、30代以上であれば、社会人経験者採用枠をパスして採用されるということだろう。

地方銀行を選んだ若者が、あくまで保守王道を極めるため、より保守的な転職先を選んでいるのが興味深い。元々、地元では保守的で安定的だった銀行を見限り、さらなる安定と保守を求めるということだろう。若手行員の嗅覚は敏感だ。すでに述べたように、ワーストシナリオでは、銀行はゼロになるが、確かに、県庁、市役所、ＪＡバンク、政府系金融機関はこの先もなくなることはないだろう。

デジタル人材の採用は惨敗必至

銀行で退職者、転職者が増える一方、デジタル化が進む以上、デジタル人材は必要だ。フィンテックやキャッシュレスの仕組みを導入したものの、動かす仕組みを理解し、アップデートできる行員は数えるほどしかいない。結局、提携するシステムベンダーやスタートアップ企業に丸投げし、ブラックボックス化するという、基幹システム開発でもみられた過去の二の舞を避けるためにもデジタル人材は欠かせない。

デジタル人材とは、具体的には次のような人材を指す。システム企画開発は無論のこと、クラウド、ビッグデータ、ＩｏＴなど、サイバーセキュリティ関連の専門職。データサイエンティスト、金融工学・統計学専門職、アプリなどデジタルプロダクトデザイナーなどだ。

デジタル人材以外では、コンプライアンス専門職、資産運用アドバイザー、事業承継や相続の専門職なども、銀行にとって中途採用が必要な人材である。

ＳＭＢＣでは、大学院卒を対象に、総合職に「デジタライゼーションコース」を設け、リテール向けＩＴ戦略企画担当者などを中途採用でも募集している。

三菱ＵＦＪ銀行では、ＡＩなどを活用したビジネスの立ち上げなどを担う新卒を募集する一方、ＩＴ戦略の立案と推進、データ・サイエンス業務　デジタル・イノベーション業務、データ基盤構築といった職種で中途採用を継続的に行っており、より合理的な方策といえよう。

デジタル人材の採用は、デジタル対応の強化だけでなく、人員・職種構成の再構築、人件費の効果的配賦、年功序列制や終身雇用を前提としてきた銀行カルチャーの変化をもたらすことになる。

もっとも、「なぜグーグルやアマゾンでなく、メガバンクに?」「なぜ起業ではなく、銀行に?」という疑問点が解決されない限り、採用は苦戦するはずだ。

優秀とされるデジタル人材には、あまたある選択肢のなかから、わざわざ銀行という硬直化した組織を選ぶ物好きはいないだろう。

解決策は、ずばり高待遇の提示だ。報酬は無論、デジタル人材が求めるのは自由度だ。業務における権限、勤務体系、勤務時間、副業や兼業是認、福利厚生などかなり柔軟な対応が必要となる。

デジタル化人材の受け入れを見越してか、新生銀行では、2018年4月から副業・兼業を解禁している。自ら経営する事業としての起業、業務の委託、他社の役員就任、親族の事業への参加に加え、一定条件のもと他社と雇用契約を結ぶことも認められている。

東邦銀行でも、2019年6月から副業・兼業を解禁した。みずほFGでも、2019年度内に副業・兼業を解禁し、社内外で通用する人材バリューの最大化を推進するという。

人材紹介業を活用し、銀行員を供給する

また、限られた予算内で、デジタル化人材採用における高額な人件費を捻出するためにも、銀行の余剰人員に転職を促す仕組みが必要となる。転職・起業独立・キャリア支援に加え、銀行による人材紹介業解禁を受けて、銀行が「人材供給バンク」となることだ。

銀行による人材紹介業が2018年に解禁され、横浜銀行、広島銀行などが参入している。

多くはリクルートやパソナなど大手の人材紹介会社と提携している。銀行は、後継者難や人材不足で困っている銀行の取引先企業を、業務提携したリクルートやパソナに繋ぎ、彼らの人材登録リストから最適な人材を紹介する。成約した場合には、銀行は紹介手数料を受け取るという形になる。

もっとも、この形だと、地方銀行とネット証券との提携のときのように、「なぜわざわざ銀行を経由する必要があるのか」という素朴な疑問が浮かぶ。当然、ダイレクトに大手人材紹介会社に依頼したほうが早くシンプルだ。多くの銀行が勘違いしているが、銀行による人材紹介業務の本丸は、銀行員自身を人材登録し、商品として、取引先などに供給することだ。

脂ののった中間管理職や支店長職、部長職の銀行員を、経営管理職、財務・経理職、金融・不動産営業職、経営コンサルタント、介護管理職といった形で、後継者や人材の不足に悩む中小企業などへ供給し、労働流動性を創出することが、いま銀行ができる最大の社会貢献ではないだろうか。

この結果、銀行のダウンサイジングが実現し、人件費が圧縮され、人材紹介手数料も丸々得られる。社会全体での適材適所の実現といった効果も期待できよう。なお、デジタル人材など中途採用専門職の増加により、新卒採用や行内の研修制度は縮小していくことになるはずだ。

働き方改革は進むものの……

働き方改革とは、本来、働く人の視点に立ち、企業文化、ライフスタイル、働き方を抜本的に変革させようとするものである。一人ひとりの意思や能力や、個々の事情に応じた、多様で柔軟な働き方を選択可能とする社会を追求するものである。

2016年9月に働き方改革担当大臣が新設され、働き方改革実現会議が開催されるなど、国を挙げて様々な取り組みがなされた。さらに2017年3月には、働き方改革実行計画が策定された。

この計画では、①同一労働同一賃金など非正規雇用の処遇改善、②賃金引き上げ、③残業上限の設定など長時間労働の是正、④転職・再就職支援、⑤テレワーク、副業・兼業などの柔軟な働き方、⑥女性・若者の活躍、⑦高齢者の就業促進、⑧子育て・介護と仕事の両立、⑨外国人材の受入れの9項目で改革の方向性が明示されている。

当然ながら、働き方改革の取り組みは、銀行でも実施されている。銀行における働き方改革では、特に、効率的な経営による労働生産性の向上と、長時間労働の是正によるメリハリある働き方を目指すものが多い。

銀行にとっても人材は、重要な経営資源である。ただでさえ、他業種などへの転職で人材の流出が進む中、介護や出産育児など生活環境の変化による行員の離職は、貴重な人材のさらなる損失といえる。このため、行員の仕事と家庭の両立をサポートできる、柔軟で選択肢の多い職場環境の構築が、不可欠となってきている。

多くの銀行では、多様な人材の活躍（ダイバーシティ）ならびに仕事と家庭の両立（ワークライフバランス）の推進を経営戦略上の重要課題として位置づけ、育児・介護制度、保育所の設置、女性・シニアの活躍、朝型勤務導入、会議の見直しや残業の削減など、様々な働き方改革に積極的に取り組んでいる。

みずほＦＧでは、効率的で生産性の高い働き方を実践するために、柔軟な勤務時間を認める「フレックスタイム勤務（コアタイムあり、コアタイムなし）」や「時差勤務」を導入し、「男性の育児休業100％取得」「介護離職ゼロ」などのワークライフマネジメント改革に取り組んでいる。

特に、育児支援の短時間勤務では、勤務日によって短時間勤務とフルタイム勤務を選択できるようにして、配偶者の勤務形態や家庭の事情に応じた柔軟な働き方を推進している。また、本社にサテライトオフィスフロアを設置しているほか、全社員を対象とした在宅勤務制度（リモートワーク）を導入している。

りそなグループでは、70歳までの雇用延長、テレワーク拡大、育休の一部有休化など従業員を応援する施策を進めている。

百五銀行では、多様な働き方への対応として、また、働き方改革の実現のため「働き方改革推進室」を設置した。①意識をカエル、②早くカエル、③業務手順をカエル、④制度をカエル、という「カエル・プロジェクト」を実施している。残業時間の削減や会議の減少など成果が出ているようだ。働いた時間ではなく、生産性の高い労働力を求める姿勢を明確にしている。今後は、ダイバーシティ推進部が中心となって、キャリア形成支援や育児・介護との両立支援の見直しなどを含め、多様な働き方ができる環境の実現を目指している。

これからは、様々な取り組みが、実際に行員の満足度と生産性向上を伴いながら継続的に実行されるのか、また、活用しやすい職場の雰囲気、環境づくりがなされるかが課題といえる。

取組み好事例の発信や情報共有化も目につく。

女性の活躍支援をはじめ、現在ほとんどの銀行が働き方改革に積極的に取り組んでいる。しかし、そもそもそれを数値化し公表しPRしている時点でまだまだということの証左ともいえる。働き方改革の取り組みや成果をわざわざ公表する必要がない銀行となることが、目指すべき姿といえよう。

雇用維持から始まる悪循環

銀行にとって人員の削減は不可避の状況ながら、もちろん簡単に行うべきものではない。一方で、新卒採用、研修・勉強会、資格取得、福利厚生と、行員への施策を充実させればさせるほど、人材を手放せなくなる。経費もかかる。

実際、全国銀行全体の経費6・6兆円のうち、人件費は2・9兆円で43・7％（201

図表26　銀行全体の経費に占める人件費の割合

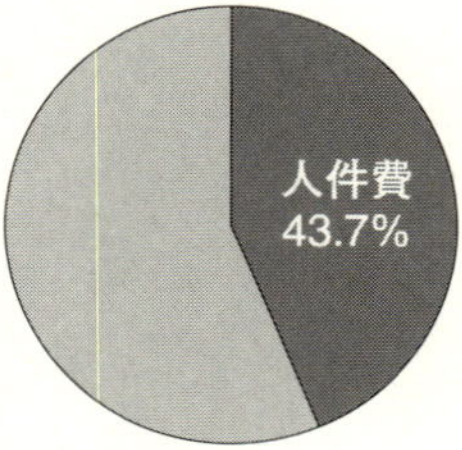

経費	6.6兆円
人件費	2.9兆円
物件費	3.3兆円
税金	0.4兆円
職員数	29万4279人
店舗数	1万3673店

注：2019年3月末
（出所）全国銀行協会、マリブジャパン

9年3月末）を占めている（図表26）。

ちなみに、ネット銀行の一角であるじぶん銀行の営業経費に占める人件費の割合は14・1％に過ぎない（2019年3月末）。

銀行は、雇用維持→有人店舗維持→貸出量の追求→競争激化→金利低下→収益低下→コスト削減→雇用前提の新規収益企画――という悪循環に陥っている。もう銀行員を過保護にせず、最後まで囲わないことだ。雇用維持前提のビジネスモデルからの脱却を決断する時期にきている。

「企業は今、カネではなくヒトを求めている」という環境からも、前述のように銀行自身がその豊富な人材を活用して「人材供給バンク」となることも考えられる。

後継者難や財務専門家不足に悩む地元企業、そして介護管理職不足に悩む地元社会への人材供給による地域の労働流動化こそ、いま銀行ができる「地方創生」であり地域貢献とはいえないだろうか。

労働流動化には別の効用もある。現在、政府主導で働き方改革が進められているが、その施策の多くは機能しないかもしれない。残念ながら、どんなに規制しても、パワハラもセクハラも残業もなくならない。銀行も例外ではない。これらの唯一の解決策は、「イヤなら辞められる」環境を整えること、つまり労働流動性の創出に尽きる。イヤなのに辞められないから、当人は我慢して問題が深刻化するし、言葉は悪いが、相手もつけあがる。労働流動性の創出は、市場原理による創出なのでコストも規制も必要ないはずだ。

勤務時間ではなく、生産性や成果で評価される体系への転換、組織の肥大化や会議の重複化の是正、株式会社として収益や業績をより意識した経営といった基本的な構造や銀行カルチャーを変えない限り、銀行の内部崩壊は進み、「銀行ゼロ時代」へのカウントダウンが止まることはないだろう。

第4章

こうして「銀行ゼロ時代」を生き残る

個人向け資産運用へシフトする

ここまでみてきたように銀行の前途は内外に多難だ。このままなら早晩、「銀行ゼロ時代」がメインシナリオになってしまう

第4章では、銀行がゼロとなることを避け、銀行員の雇用を守り、銀行の強みを生かし、ユーザーニーズに応えながら収益を確保していく方策を明らかにする。現実的な生き残り策を示したい。

法人向け貸出からの撤退・縮小、AIレンディングの興隆についてはすでに述べた。銀行は今後、生き残りを図る上で、何を「主食」としたらいいのだろうか。

それは、個人向け資産運用である。個人向け資産運用を核にした新しいビジネスモデルへの転換が唯一の現実的な生き残り策だ。

すでに述べたが、三菱ＵＦＪ信託銀行の法人向け貸出からの撤退と、個人向け資産運用への注力は、まさに法人から個人へのビジネスシフトの先駆例である。

個人金融資産の増加や公的年金制度への不安、相続ニーズの増大などから、今後も個人

向け資産運用ビジネスは拡大が予想される。メガバンクだけでなく地方銀行でも証券子会社や資産運用子会社を持ち、信託業務ができる銀行が増えている。

こうした個人向け資産運用ビジネスをさらに強化していく具体策として、富裕層向けや資産形成層向けの資産運用に加え、東京拠点の拡充や、高齢者を対象にした「シニア向け見守りサービス」などが挙げられよう。「老後資金2000万円不足」と取りざたされた公的年金制度への不安、高齢化社会への備えにおいても理にかなったものである。このサービス内容などは後ほど詳述する。

なお、これら個人向けビジネスを補強し、銀行の新たなる柱とする上でも、事業承継や相続に係る不動産仲介の解禁や、銀行における税理士業務の解禁といった規制緩和が待たれる。今後も銀行は緩和要望を続けるべきであり、金融規制当局も銀行の変革を煽るばかりでなく、新たなビジネス領域を確保していくことに注力すべきだ。

しかし、残念ながら、個人向け資産運用ビジネスもバラ色ではない。1つは、いわゆる資産新規層、資産形成層向けのビジネスは、若年層が中心のため、ここ数年のうちに急速に、AIやロボットを活用したネットやスマホアプリでの取引に置き換わるとみられる。

もう1つは、規模の問題だ。従来の法人向け貸出から得られる金利、手数料と比べると、その収益は、半分どころか、3分の1や4分の1、場合によっては10分の1といった規模になってしまうことも想定されよう。短期的には富裕層ビジネスで凌《しの》ぎながら、ノウハウ蓄積とダウンサイジングを進め、中長期的には、資産形成層と共存するのが理想ではある。

いずれにせよ、適正規模となるまでには、有人店舗と人員の削減によるダウンサイジングが不可避となる。

一方で、富裕層は、FA（金融アドバイザー）など専任担当者やスペシャリストとフェイストゥーフェイスでの相談をより求める傾向にある。そのため、有人店舗内にあるラウンジや、新設された提案・相談型店舗において対応することになる。

ただし、FAが銀行員である必要はない。より専門的なコンサルティングサービスの提供のために、例えば、地元で活躍するIFA（独立系FA、独立系金融アドバイザー）やIFA法人と業務提携の上、連携したり、協働したりすることも考えられる。銀行員がIFAとして独立し、生き残ることも可能だろう。

訪問営業へ切り替える

銀行店舗と銀行員のダウンサイジングは急速に進むものの、対面ビジネスの価値そのものがなくなるわけではない。

本来、対面の顧客サービスは、銀行員が銀行店舗で待つのではなく、自ら顧客のところまで足を運ぶべきではないだろうか。コンサルティング営業や相談業務を前面に打ち出しているならなおさらだ。

対面営業重視の究極の形は顧客訪問であるはずだ。銀行とは違い、保険会社はずいぶん昔から、それが基本の営業スタイルになっている。三越や大丸など百貨店における外商の役割も参考になるはずだ。

顧客訪問が基本の営業スタイルになれば、銀行店舗は不要となる。そう、どの道やはり銀行店舗は不要ということになる。

元店舗の一部は事務所となる。富裕層を中心に一部の中小企業、大企業向け新規開拓や取引深耕のための、FAや法人営業員の訪問活動・事務処理拠点である。IFAやコンサルタントといった外部の専門家の拠点としても活用できよう。また、有料の見守りサービスやシニア向け介護関連業務の拠点としても併用できるはずだ。

事務所長は兼任で、事務スタッフも置かないのがポイントだ。ATMや現金取扱の必要もなく、一般的な事務所と同じようなスペックとなる。必ずしも都心の一等地や路面店といった好立地である必要もなく、デジタル化とあわせ、営業担当者の直行直帰も可能となるはずだ。

メガバンクの法人営業所や、コンコルディアFGのプライベートバンキングオフィス、SMBCのサテライトオフィスなど、既に事務所化している店舗例はあり、今後も事務所化は進むはずだ。

現実問題として、既存の店舗や人材をすぐにはダウンサイジング出来ないのであれば、経過措置として、メガ店舗以外の残りの既存店舗を、資産運用など外訪営業員のための事務所とする。または、サテライト店として、少人数運営で地域の店舗ネットワークを維持しつつ、リモートモニターなどを活用して業務機能を維持することも考えられよう。

参考になりそうなオリックス銀行の店舗と口座数

オリックス銀行は2018年4月、GINZA SIX（ギンザシックス）に初の富裕層向けラウンジを設けたが、それまでは有人店舗がゼロであった。東京本店の他、立川、名古屋、大阪、福岡の拠点はまさに営業員の事務拠点だ。店舗がないため、預金1・9兆円、貸出1・8兆円に対して、従業員639人という少人数でのオペレーションが可能となっている。

また、預金1・9兆円に対して、オリックス銀行の口座数は、25万件(68頁、図表10)に過ぎない。オリックス銀行の預金は、主に運用を重視する顧客向けの定期預金が中心であり、生活口座としての日常的な現金の出し入れや、公共料金の口座振替の利用を前提としていない。このため、口座への入出金や振込などの手続きを受け付ける店舗やATMを設けておらず、通帳だけでなく、キャッシュカードも発行していない。メガバンクや地方銀行にとっても、オリックス銀行の店舗や口座のあり方や位置付けなど参考とするべき点がありそうだ。

納骨堂を造るという発想

銀行店舗を代理店によって一部維持するという考え方もある。また、銀行の代理業に関しては、奇抜なアイディアもある。

それは墓苑や納骨堂との連携だ。過疎化や少子高齢化が進むなか、空き家問題など住宅と同様に、墓地・墓苑も地方では引き継ぐ者や管理する者がなく、放置されるケースが増えて問題化している。一方で、息子・娘世代が住む東京など都市部では、寺院などの敷地内に新たに1棟、ビルが建設され、近未来的な墓地や納骨堂が続々と誕生している。

このような墓地・墓苑・納骨堂に同居または隣接する形で銀行が貸金庫や相続・資産運用相談窓口を設ける。

墓地・墓苑・納骨堂で、業者自らが代理業として実印や証書などを管理するサービスを始めたとしても、やはり、貸金庫における銀行の信用力とブランド力にはかなわない。預金通帳、実印、貴金属、パスポート、趣味のコレクション、書類・権利証、思い出のアルバムなど家族や遺族の大切なものを、併設する銀行の貸金庫に収納する。銀行は、例えば従来比で10倍の手数料を設定してブランド化し、見守りサービスや資産運用とパッケージ化することも可能であろう。

なかなか揃わない家族一同で、アクセスのいい都心での「お墓参り」のついでに、貸金庫を確認し、相続や資産運用の相談まで出来るのは理に適っているのではないだろうか。

銀行の信用力と店舗の立地や設備を活用し、代理業制度を生かすのだ。出来ることはまだまだあるはずだ。

都心では、こんなに人口が増加する

図表27　都心3区の人口増予測

	2015年	2040年
都心3区	**44.2万人**	**63.5万人**
・千代田区	5.8万人	9.6万人
・中央区	14.1万人	19.7万人
・港区	24.3万人	34.0万人

注：100人単位切り捨て
（出所）東京都「東京都区市町村別人口の予測」2017年3月、マリブジャパン

東京都の「東京都区市町村別人口の予測」によると、都心３区（千代田、中央、港）の人口は２０１５年の44・２万人から２０４０年には63・５万人と、４割以上も増えると予測されている（図表27）。

大規模再開発が進む渋谷区でも２０３０年まで人口は増加し、新宿区では２０２５年まで人口が増加すると予測されている。渋谷・新宿を加えた都心５区では、２０１５年の１００・０万人から２０４０年には１２２・２万人へと、２割以上増えるとされている。

また、平均世帯年収（納税義務者数と課税対象所得で算出）は、港区１１１５万円、千代田区９４４万円、渋谷区８０１万円などと、軒並み全国平均の３３４万円を大きく上回っており（総務省、２０１７年度）、高額所得者が集中するエリアといえる。

実際、こうした層をターゲットに都心ではいわゆる億

ションが林立し続けており、例えば三井不動産が手がけたパークコート赤坂檜町ザ タワーやパークコート青山ザ タワーでは、10億円以上のペントハウスなど超高額物件も売買されているという。

もちろん、都心5区は、グローバルな上場企業や外資系企業だけでなく、成長性の高い中堅・中小企業やスタートアップが集積する日本最大の法人マーケットでもある。

東京マーケットは実は空白地帯

東京における銀行のマーケット規模は、金融ジャーナル社によれば、預貯金で323兆円、貸出金で224兆円ととてつもなく巨大だ（2018年3月末）。無論、メガバンクなど大手行が預金・貸出金ともに8割近くのシェアを持ち圧倒的ではある。

しかし、富裕層向け資産運用など個人向けビジネスや中小企業向けビジネスでは、その他の金融機関にもチャンスがあると筆者はみている。

例えば、平均世帯年収1115万円の港区の場合、シニアや富裕層に強いイメージのある三菱UFJ信託銀行の店舗はゼロ。三井住友信託銀行も芝営業本部の1店舗と出張所が2カ所（虎の門と新橋）のみだ。

同じく、シニア・富裕層に強いイメージのある野村證券の支店は、虎ノ門、新橋、品川駅前の3店舗。しかも、法人取引主体の店舗だ。富裕層への営業は、本部のプライベートバンキング部門が担っていたりする。

富裕層や個人ビジネスを得意とするこれら大手金融機関の都心の店舗網は、そのマーケット規模に対して驚くほど脆弱《ぜいじゃく》といえる。

さすがにマスリテールも手掛けるメガバンクの店舗網は都内・都心でも圧倒的な数ではあるが、彼らが全ての顧客をカバーしているわけでは無論ない。特に、富裕層や資産形成層への資産運用提案や、中堅・中小企業向け貸出は狙い目だ。

メガバンクは、傘下に商業銀行だけでなく、証券会社や資産運用会社、海外子銀行などを抱え、規模も業務範囲も巨大となり、全方位的で「バランスのとれた」経営となってしまっている。

本来であれば、「ザル状態」の東京での事業承継や資産運用において、メガバンクのブランド力と人材を集中投下して、もっと収益化することが出来るはずである。

もっとも、メガバンクや大手証券会社が東京マーケットをフォローしきれていないのであれば、むしろ地方銀行などには収益チャンスとなる。メガバンクの都内支店を攻略するという戦略だ。実際、地方銀行の東京進出は増加している。

武蔵野銀行では、２０１８年6月、渋谷区の渋谷オフィスを渋谷支店に昇格させ、港区には浜松町オフィスを千葉銀行との共同営業拠点として開設している。

千葉銀行は、都内にすでに15店舗（営業所を含む）あり、そのうち、都心5区（千代田・中央・港・渋谷・新宿）には品川支店（港区）、恵比寿支店（渋谷区）など6店舗ある。

都心5区だけでなく、京葉銀行の東陽町支店（江東区）、横浜銀行の錦糸町支店（墨田区）、横浜銀行と東日本銀行共同の八幡山支店（杉並区）、足利銀行の王子支店（北区）など、関東の地銀を中心に東京23区への進出が加速している。

地方銀行のいずれのケースも、地元での将来人口の減少を見据え、地場の中小企業向け貸出や富裕層向け資産運用など、資金需要が旺盛な東京都内で営業基盤を強化するのが狙いである。

東京の信用金庫を買収する

本来であれば、個別に店舗を新設したり、既存の東京支店を活《い》かしたりするだけでなく、例えば、東京地区の地方銀行を買収して一気に店舗網と営業基盤を増やす施策もあろう。

かなり古く特殊要因もある事例ながら、1986年10月の旧住友銀行による平和相互銀行の吸収合併が挙げられる。銀行の店舗出店が認可制で規制されていた当時、関西系の旧住友銀行にとって、この吸収合併には大きなメリットがあった。東京に本店を置く平和相互銀行の首都圏約100店舗を一挙に手に入れたのだ。

残念ながら、現在、東京に本店を置く地方銀行のうち、きらぼし銀行（旧東京都民銀行、旧八千代銀行、旧新銀行東京）は東京きらぼしフィナンシャルグループ、東日本銀行は、コンコルディアFG、東京スター銀行は、台湾の大手金融グループCTBC傘下と、それぞれグループ化されてしまっている。

一方で、東京に本店を置く信用金庫は現在、23ある。しかも、このうち、預金量3・6兆円の城南信用金庫を筆頭に、同2・7兆円の多摩信用金庫、同2・4兆円の城北信用金庫を含め、西武信用金庫、東京東信用金庫、巣鴨信用金庫、朝日信用金庫、さわやか信用金庫、芝信用金庫と、預金量1兆円以上の「メガ信金」が9金庫もある（2018年3月期）。その多くが、東日本銀行や東京スター銀行の預金量を凌駕しているスケールである。

肥沃な東京マーケットを一気呵成に攻略するために、大手行や地方銀行などがこうした東京の有力なメガ信金を買収し、普銀転換して経営統合する可能性も十分に考えられよう。

銀行が動かないのであれば、巨大で魅力的な東京マーケットの勢力地図は、デジタル・プラットフォーマーなど異業種によって塗り替えられてしまうだけだ。

シニア向け見守りサービスの開始

内閣府の「高齢社会白書」によれば、高齢化が進む現代、日本の65歳以上人口のおよそ6人に1人、624万人が一人暮らしをしている（2015年）。その人数は15年前の2倍以上である。少子高齢化と過疎化の進展により、社会的に孤立する単身高齢者も増え続けている。

こうした問題意識を背景に、日本郵便は2017年10月から「郵便局のみまもりサービス」を全国で開始している。翌年5月からは、ウェブサイトからの申込みも可能となっている。

このサービスでは郵便局員が月1回30分、高齢者宅を訪問し、体調や睡眠の状況などを確認した上で、その結果を家族へメールで報告する。月額の料金は2500円で、地域に密着した郵便局ならではのサービスといえる。個人との契約に加え、これまで全国の11の自治体とも契約を結んでいる（2019年5月）。

また、ふるさと納税の返礼品に加える自治体も増えている。過疎地や離島を含め全国津々浦々に張り巡らされた、約2万4000の郵便局・ゆうちょ銀行の店舗ネットワークを生かすことにもなる。

ネット社会だからこそ、直接会いに行き、世間話をすることは、ますますその重要性が増すのではないだろうか。郵便局同様に、地域に店舗ネットワークを持つ銀行にも出来ることはあるはずだ。

すでに、みずほ信託銀行が2017年8月から取り扱いを開始した特約選択型金銭信託「選べる安心信託」が、そのさきがけだ。同商品は、資金は元本保証で運用され、資産保全や承継等に関する金融サービスと、企業提携による生活サポートサービスを必要な時に選び、利用できる。生活サポートサービスでは、介護・老人ホーム、見守り・警備、リフォーム、家事代行などのサービスを行う提携企業を優待条件で紹介する。サービス料金は、信託元本から支払うことになる。

銀行に出来ること、それはズバリ、「金融商品を核としたシニア向け見守りサービス」の提供である。例えば、バランス型ファンド、投資一任勘定など既存の資産運用商品の利用を前提に、付帯サービス商品として、見守りサービスを展開する。もちろん、みずほ信託銀行の事例のように信託商品や、リバースモーゲージなどを付帯サービスとしたり、年金指定口座や、退職金振込みを条件としたりすることも考えられよう。

具体的には、1000万円以上といった一定金額以上のバランス型ファンドを長期保有するシニア顧客に対して、金融資産ポートフォリオと金融市場動向についての説明と報告のため月1回の定期訪問を行う。その際には、介護・医療サービス、買い物代行などを選択制として、月額手数料を得る形で提供する。もちろん、何気ない世間話をし、近況を聞くことも含めてサービスとするのだ。担当するFAには、資産運用成績を説明するだけでなく、マーケット動向の解説力やポートフォリオ提案力なども求められることになる。

メガバンクの全国的なブランド力や、地域における地方銀行の信用力を生かし、地域貢献や高齢化社会への対応にもなる。銀行側も、店舗統廃合やビジネスモデル転換で余剰となった行員活用策にもなるだけでなく、金融商品販売や見守りサービスによる定期的かつ安定的な新たな収益源ともなる。

もっとも、手数料徴収へのハードルやマンパワーの問題から、当初はシニア富裕層向けに限定してサービスを展開することになろう。顧客対応力に長《た》けた富裕層向け資産運用アドバイザー（富裕層向けFA）やプライベートバンカーが担当することになる。

海外ではウェルズ・ファーゴなどが、シニア富裕層向けサービスで導入したように、預り金融資産に対して、例えば1・0%とか1・5%を年間で徴収するといった形も考えられるだろう。

実際の見守りサービスでは、業法上の問題や、提携会社との連携、そして採算性の問題、行員によるサービスのクオリティー確保といった課題はあるものの、高齢化社会への対応と、銀行における余剰人材の活用という側面からも、取り組むべきビジネスといえよう。

新卒採用をやめる時が来た

AIやフィンテック分野のデジタル人材の中途採用を強化する一方、新卒採用を原則廃止する施策も必要だ。デジタル化で余剰人員が増えているのに、新卒一括採用を続けるのは背任行為ともいえる。

「とりあえず」新卒を採用しておくという考えは、「とりあえず」本店は建て替えておこうという発想と同じで愚策であり、「とりあえず」採用された者はたまったものではない。

海外での採用も行うメガバンクが、国内での新卒採用を率先して廃止し、通年採用と専門職採用を主とすれば、不毛で不条理で硬直的な、学生の就職活動も大きく改善されるはずだ。減少しているとはいえ、依然として大量採用を行っているメガバンクには、大学生や高校生の就活を変える力がまだあるはずだ。

余剰人員に転職を促す仕組みも早急に必要だ。すでに述べたが、銀行自身が豊富な人材を活用して「人材供給バンク」となるべきだ。銀行が人材紹介業を解禁されるなか、人材供給による労働流動化こそ、いま銀行が出来る最大の社会貢献だ。働き方や社会を変えるフロントランナーとなる可能性さえある。

経営企画部と人事部の廃止

銀行が生き残るためには、本丸中の本丸、本部組織の解体も必要不可欠だ。まずは、銀行組織の中核にある企画部を廃止するべきだ。総合企画部、経営企画部といった名称のそれだ。そもそも経営企画は、頭取はじめ経営陣の仕事ではなかろうか？経営陣には企画力以上に決断力も求められる。ビジネスモデルや業務の取捨選択、店舗や人員のダウンサイジング、資本政策や合従連衡などでの決断だ。言い換えれば、経営企画力も決断力もない経営陣は不要となる。つまり、企画部の解体は、経営陣に責任をもった仕事ぶりを迫ることとなる。

いい企画がなければ、外部から買う、という選択もできよう。いずれにせよ、経営陣を筆頭に、全ての銀行員が企画マインドを持つことが大切になろう。

企画部がなくなれば、結果的に中期経営計画も廃止となる。今の時代、3年先、5年先を設定し、抽象的なスローガンと、目標数値を並べることにどんな意味があるのだろうか。結局、毎回、経済社会環境や金融市場の変化によって下方修正・軌道修正がされている。スピードが求められる時代にそぐわず、労力もムダになる。

次に、人事部を解体する。

人事考課こそAI化が可能だ。各行員のキャリア志向や働き方を尊重しながらも、収益・成果に一層フォーカスした体系とすべきである。例えば、人事考課が現場の直属マネージャーの判断とAIによる判断となることで、現場の状況や本人の意向に沿いながら、今以上にフェアで透明性のある仕組みとなるはずだ。結果的に、人事部は解体され、総務部などへ統合することが可能となろう。

銀行にとって、本部はあくまでコストセンターである。営業支援・収益支援としての本部の位置づけを明確にすべきである。

組織のフラット化という特効薬

既存の銀行の弱さに、意思決定スピードの遅さや硬直した人件費が挙げられる。それらを解消する特効薬が、中間管理職の排除だ。指揮系統の重複、意思決定の遅さなど、中間管理職や中間職の存在がネックになっている。

例えば現在、銀行店舗では、支店長、副支店長、課長、調査役と4つの階層に分かれている。これを、支店長以外は全て1つの階層とする。役職名は廃止し、コンサルタントに統一するのだ。もちろん、急に制度やルールを変えるのは信義則に反し、モチベーション低下にもつながる。年次・階級・給与差は現状のまま維持する。そして一定期間を経て、成果報酬制などへと移行することになる。

もっとも、全てが横一線では仕事にならず、非現実的ともいえる。同じコンサルタントという役職でも当然、職種や役割は個々に違う。プロジェクト制とチーム制の導入も適宜、必要となろう。

職務上の中間管理職をまずは排除し、「○○課長」から「○○さん」へと呼び方も変える。意思決定・事務スピードアップ、自主性・自発性の尊重が生まれ、成果報酬制や働き方選択制へ移行するといった施策に繋がっていくだろう。

組織がフラットになれば、「会議ばかり、報告ばかり、資料ばかり」からの脱却も可能だ。なぜなら中間管理職が存在しないからだ。外資系の金融機関やコンサルティングファーム、デジタル・プラットフォーマーなどではこうした組織体系は導入済であり、銀行もプラス面は取り入れていくべきであろう。

組織のフラット化とは、職務上の中間管理職を排除し、柔軟なチーム制を採用することで、意思決定・事務のスピードアップを実現するものだ。中間管理職の排除は、人件費の削減にもつながる。

銀行員の3つの生き残り策

最後に、銀行員の生き残り策として、①介護職・ケアマネージャー②不動産スペシャリスト③IFA（独立系金融アドバイザー）への転進を挙げておきたい。

デジタル化が進展し、AI・ロボットが普及後の世界においても、高度な接客サービス、介護やコンサルティング営業といった職種は生き残り、むしろ従業者数は増えると予想されている（「経済産業ジャーナル」2016年8・9月号）。

介護職・ケアマネージャーで生き残る

日本は今後も社会の高齢化が進み、2025年に75歳以上の後期高齢者の人口が2179万人となり、総人口の18・1%を占めることになる。

大量介護への対応が必要になるにもかかわらず、介護人材不足は深刻だ。

厚生労働省によれば、2025年度には245万人の介護職員が必要とされるが、予想就労人数は、211万人とされ、34万人の介護職員が不足することになる。

政府は介護人材確保のために、離職防止や定着促進のための様々な施策を実施しているが有効打とはなっていない。

そこで、今後、店舗や人員の大幅なダウンサイジングが予想される銀行業界において、介護職に人員をシフトすることは出来ないだろうか。

奇しくも、介護職で不足とされる34万人に対して、銀行員29万4279人(2019年3月末)に信用金庫職員10万6541人(2019年3月末)を加えれば、単純計算ながらカバーできることになる。

実は金融機関の中ですでに事例がある。損保ジャパン日本興亜が、2020年度末までに、従業員数を2017年度比で4000人程度減らし、余剰人員はグループ内の介護企業であるSOMPOケアへ出向させるなど配置転換し、新卒採用も抑えるという。

銀行での研修に、介護職員初任者研修や介護職員実務者研修を設けるといったことから、実際に次のような資格取得を目指すことも考えられる。

それは、認定介護福祉士、介護福祉士（国家資格）、ケアマネージャー（介護支援専門員）、福祉用具専門相談員、移動介護従事者（ガイドヘルパー）、介護予防運動指導員、レクリエーション介護士、社会福祉士（国家資格）、精神保健福祉士（国家資格）、管理栄養士（国家資格）といった多種多様な資格である。銀行が実施するシニア向け見守りサービスの中核人材に位置づけられることになる。

銀行員が介護資格を取得することには3つのメリットがある。

1つは、自分自身のためだ。両親など家族や自分自身が、介護が必要になった場合に役に立つはずだ。2つ目は、銀行のためだ。銀行が、シニア向け見守りサービスなどを展開するにあたり、シニア顧客専門のFAなどで活躍の場がある。

3つ目は、転職のためだ。資格取得をきっかけに、介護業界へ転職すること、セカンドキャリアへの準備に加え、介護休暇を取得してまた復職するといったキャリアプランも考えられよう。

不動産スペシャリストとして生き残る

スルガ銀行や西武信用金庫などで起きた一連の不祥事で、いわゆるサラリーマン向け不動産投資ローンには厳しい視線が注がれている。一方で、地主や富裕層向けのアパートローンには、引き続き多くの銀行や信用金庫が注力している。

静岡銀行では、主に高額所得者や富裕層をターゲットにした資産形成ローンが、前年比163億円増加の2056億円となっており、平均レートは3・473%、3カ月以上延滞率は0・00%である（2019年3月末）。

静岡銀行では、取り上げ可能拠点を限定し、専門研修を受講した行員だけが顧客対応ができるようにしている。金融資産等、証明性が高い原本の確認を厳格に課し、入居率、借入金利等のリスクを勘案した審査を行う。担保評価は、外部業者による査定額を採用している。

横浜銀行でも、資産家向け融資（平均残高）は、自宅利用などではない非住居系で前年比33億円増の2451億円（2019年3月末）となっており、高所得者や地主などを中心に、不動産投資ローンには根強い需要があるといえよう。

銀行は、こうした不動産投資ローン、アパートローンだけでなく、従来からある住宅ローン、リフォームローンに加え、リバースモーゲージ（自宅を担保にした融資）、古民家向けローンなど、不動産に関するローンを強化している。少子高齢化や過疎化の影響で、空き家、所有者不明地、相続放棄地が注目されており、今後も銀行が役割を果たすビジネスもありそうだ。

一方で、現在の銀行員は、不動産の専門家とは言えない。住宅ローンは無論、アパートローンであっても不動産物件の評価や分析が精緻になされているわけでもなく、相続・事業承継の一環として不動産の活用などをアドバイスする専門家でもない。

今後、仮に、事業承継に係る不動産売買、不動産仲介業務などの規制緩和が実現すれば、銀行の持つ①不動産に関する情報の蓄積と②ブランド力・信用力が生かされることで、銀行による不動産関連のビジネスチャンスは大きく広がり、不動産スペシャリストへのニーズも一段と高まるはずだ。

ＩＦＡとして独立する

人生１００年時代、日銀の低金利政策や公的年金制度への不安もあり、個人の資産運用ニーズが高まっていることはすでに記したとおりだ。それに伴って、顧客と向き合い、顧客のライフプランに沿うように、金融商品における投資リスクや商品説明を行い、ポートフォリオ提案をするＦＡへのニーズは今後も継続して見込まれる。

銀行内でＦＡとして専門職を極めることも可能ではあるが、ＩＦＡ（独立系ＦＡ、独立系金融アドバイザー）として独立する道もある。米国では、ＩＦＡが約12万人と証券会社の営業社員の数を大きく上回り、米国内の投資信託の販売額は約半分がＩＦＡ経由という。

ＩＦＡは顧客に対して、より中立的な立場から資産運用アドバイスが出来る。転勤や異動がなく、より長期的な視点で顧客と関係を築ける利点がある。預り資産残高に応じた報酬や、金融商品販売に伴う仲介手数料によって生計を立てることになる。

個人または法人に属してＩＦＡとして活動するケースと、ＳＢＩ証券や楽天証券などと業務委託契約を結んで活動するケースもある。

りそなグループでは、２０１９年７月から、プロ人材育成プラットフォームとして「りそなアカデミー」を開講している。プロフェッショナルコースでは、半年間に30日のカリキュラムで、金融経済や資産運用に関わる知識やノウハウを習得するが、それだけでなく、実際に、富裕層など金融リテラシーの高い顧客への対応能力を高めることで、ＩＦＡレベルを目指すという。また卒業1年後には更新研修も設けており、知識や経験のアップデートを行う仕組みも整えている。

将来的には、りそなグループに限らず、銀行と個人事業主として契約する社内ＩＦＡ、行内ＩＦＡという選択肢も生まれると筆者はみている。

ＦＡでもＩＦＡでも、求められる能力は同じだ。①マーケットを解説する力、②コンサルティング能力、③セールス力の３つを持ち合わせ、顧客ニーズに応じた提案ができる能力ということになる。

まずは、銀行のなかでＦＡとしての力を磨きながら、ＩＦＡとして独立するケースはこれから増えていくに違いない。

おわりに

生き残ってほしい……

人口減少と少子高齢化という日本の未来は変わりそうにない。日本銀行の低金利政策はしばらく続くどころか、さらなる金融緩和もありそうだ。金融庁も引き続き、仮想通貨(暗号資産)への対応などで忙しそうだ。そして、融資・決済・送金の分野を中心に、デジタル・プラットフォーマーの攻勢がますます勢いを増してきている。

このままでは、本書で述べた「メインシナリオ」どおり、「銀行ゼロ時代」に突入しそうだ。

マクロ要因や規制緩和への対応、ビジネスモデル構築や収益向上策、合従連衡、あるいはリストラ策は、いってみれば銀行の経営陣の決断次第だ。それよりも最大のネックは、やはり銀行の組織、銀行員のカルチャーの問題だ。ここが変わらない限り、根本的な解決には至らない。副業や兼業を解禁したり、Tシャツやジーンズでの勤務を可能にしたり、といった表層的なことでは何も変わらない。

もっとも、「銀行ゼロ時代」は、大多数の個人や法人ユーザーにとって決して悪い話ではない。スピーディーで手頃な金融サービスが、スマホやネットを通じて提供されるからだ。個人の資産運用パフォーマンスの向上、起業や独立の支援、企業の資金繰り向上など多くの利点が考えられよう。

銀行員にとっても実は、決して悪い話ではない。早期退職制度が発表されれば、それに乗るのもいいだろう。

それとも残って銀行を引っ張る存在になるか、本文で紹介したように、介護や不動産のスペシャリストとして生き残るか、あるいはＩＦＡとして独立するのもいい。

「銀行ゼロ時代」とは、銀行員、銀行店舗、そして銀行そのものがゼロになる世界だ。しかし、銀行ビジネス、金融サービス自体がなくなるわけではない。プレーヤーが変わり、金融サービスの質が向上するという前向きで明るい世界のはずだ。

ここで筆者の銀行での新人時代の体験を記しておきたい。転職しようかと悩んでいたときに、配属先の新宿新都心支店近くの喫茶店で私の話を聞いてくれたのが、当時の副支店長だった。「銀行は多様な顧客を抱えているので、様々な業務を経験できる。きっとその中でやりがいのある仕事が見つかるはずだ」と言ってくれた。

結果的にはその1年後に転職することになったが、そのときに掛けていただいた言葉を含めて銀行での様々な経験は、筆者にとって大切な思い出であり財産になった。そんな懐かしさもあって、先だってその副支店長に、僭越ながら筆者の寄稿誌をいくつか同封して手紙を書いてみた。

ほどなくして丁寧なご返事をいただいた。当時の副支店長は、三菱ＵＦＪ銀行のトップに上り詰めていた。多忙ななか、ありがたいことだ。

そんな筆者が、社会人としての初歩を学んだ古巣を応援しないわけがない。その後も金融アナリストとして接してきた三井住友やみずほ、りそな、大手行や地方銀行にもそれぞれに愛着がある。グローバルに、あるいはローカルのなかで活躍してもらいたい。

長い時間をかけて積み上げてきた信用力とブランド力を生かし、銀行が前向きに変わり、銀行員が生き残り、「銀行ゼロ時代」を打破することを願ってやまない。

金融界の現場に少なからぬ年月、身を置いた者としての切なる願いである。

本書は、2019年8月初めに脱稿した。本書での筆者の意見に関する部分は、すべて個人的なものである。また、筆者が過去に発表したレポートや対外寄稿文などの内容と共通する部分があることを付記しておく。

本書の刊行に際して、ご尽力いただいた朝日新聞出版の宇都宮健太朗編集長、福場昭弘さんをはじめスタッフの皆さん、私の家族、友人に、心から謝意を表したい。ありがとうございます。

高橋克英

2019年　8月

参考文献

高橋克英・著
［2018］『図解入門ビジネス最新地方銀行の現状と取組みがよ〜くわかる本』秀和システム
［2017］『いまさら始める？ 個人不動産投資』金融財政事情研究会
［2017］『図解でわかる！ 地方銀行』秀和システム
［2016］『地銀大再編』中央経済社
［2012］『地銀7つのビジネスモデル』中央経済社
［2010］『アグリビジネス〜金融機関の農業取引推進策』近代セールス社
［2009］『信金・信組の競争力強化策』中央経済社
［2007］『最強という名の地方銀行』中央経済社
高橋克英・寄稿
［2019］『デジタル化時代になくなる銀行、残る銀行』週刊エコノミスト
［2019］「QRコード」決済の普及は多難』月刊FACTA
［2018］「LINEとみずほの「ネット銀行設立」はメガバンクの変革を起こすか』マネー現代
［2018］『有人店舗の近未来』ファンド情報
［2018］『AIが築く金融サービスの近未来像』月刊金融ジャーナル
［2018］『AI時代の銀行は二極化〜一般客はスマホで完結、富裕層は「最高級店」』週刊エコノミスト

〔2018〕『銀行のAI進展で社会も変わる〜新卒採用廃止、人材供給バンク』週刊エコノミスト
〔2017〕『合併でメガ信金が続々誕生　二極化で生き残りの岐路』週刊エコノミスト
〔2017〕『法人貸し出しから撤退の良い地銀　悪い地銀・普通の地銀は戦国時代』週刊エコノミスト
〔2017〕『銀行こそ「シニア向け見守りサービス」の展開を』週刊金融財政事情
〔2017〕『提言　地銀の東京支店・事務所を「東京ラウンジ」として生かせ』週刊金融財政事情
〔2017〕『富裕層の特徴とそのニーズ』ファンド情報
〔2017〕『経産省ではなく金融育成庁を目指せ』ファンド情報
〔2017〕『全国で急速に進む地銀再編　2020年に総資産20兆の20行に』週刊エコノミスト

高橋克英　たかはし・かつひで
株式会社マリブジャパン代表取締役。1969年生まれ。慶應義塾大学経済学部卒業。青山学院大学大学院経済学修士。三菱銀行、シティグループ証券、シティバンクなどで主に銀行クレジットアナリスト、資産運用アドバイザーとして活躍。金融コンサルティング会社を設立し、執筆、講演など広範に活動中。日本金融学会員。『地銀大再編』(中央経済社)など著書多数。

Contact
株式会社マリブジャパン
https://www.malibu-japan.com/
tfw6565@gmail.com

朝日新書
733
銀行《ぎんこう》ゼロ時代《じだい》

2019年9月30日第1刷発行

著　者　高橋克英

発行者　三宮博信
カバーデザイン　アンスガー・フォルマー　田嶋佳子
印刷所　凸版印刷株式会社
発行所　朝日新聞出版
〒104-8011　東京都中央区築地5-3-2
電話　03-5541-8832（編集）
　　　03-5540-7793（販売）

Published in Japan by Asahi Shimbun Publications Inc.
ISBN 978-4-02-295036-9
定価はカバーに表示してあります。
落丁・乱丁の場合は弊社業務部(電話03-5540-7800)へご連絡ください。
送料弊社負担にてお取り替えいたします。